| SHIYAN |

JINGYUAN YIZHONG
JIAOSHI WENJI

班主任育人策略及生涯规划教育读本

师言

张元馥

靖远一中教师文集

张国帅
韩　鹏　　主编

王世贵　副主编

敦煌文艺出版社

图书在版编目（ＣＩＰ）数据

师言：靖远一中教师文集 / 张国帅主编；韩鹏，
王世贵副主编. -- 兰州：敦煌文艺出版社，2024.1
ISBN 978-7-5468-2537-3

Ⅰ. ①师… Ⅱ. ①张… ②韩… ③王… Ⅲ. ①中学教
育－文集 Ⅳ. ① G63-53

中国国家版本馆 CIP 数据核字（2024）第 037962 号

师　言

靖远一中教师文集

张国帅　主编　韩　鹏　王世贵　副主编

责任编辑：马吉庆

装帧设计：吉　庆

敦煌文艺出版社出版、发行

地址：　（730030）兰州市城关区曹家巷 1 号新闻出版大厦

邮箱：dunhuangwenyi1958@163.com

0931-2131906（编辑部）

0931-2131987（发行部）

兰州银声印务有限公司印刷

开本 880 毫米 ×1230 毫米　　1/32　　插页 3　　印张 7　　字数 150 千

2024 年 6 月第 1 版　　2024 年 6 月第 1 次印刷

ISBN 978-7-5468-2537-3

定价：　68.00 元

《师言——靖远一中教师文集》
编 委 会

策　　　划　　郭玉杰　邹占才

主 任 委 员　　张国帅

副主任委员　　韩　鹏　李志忠　孙万里

编　　　委　　关永生　文树军　王生化　张庆祥

　　　　　　　欧建麟　崔自强　王世贵　顾秉财

　　　　　　　郭莉文　贾存文　杨国锋　苏其亮

　　　　　　　刘仁祖

主　　编　　张国帅

副 主 编　　韩　鹏　王世贵

编　　辑　　孙万里　崔自强　王玖娜　田树富　雷双凤

序言

做一个有底气的班主任

靖远一中校长　郭玉杰

　　高中教师，这个职业神圣、光荣，高中班主任更是启迪学生智慧，塑造学生人格的核心力量。所以，要做一个有底气的班主任，只有这份底气才能使平凡、琐碎的工作充满智慧与激情。这份底气来自何处？它应该来自于对教育事业的真爱，来自于不断积淀的知识，来自于高超的管理艺术，来自于一双敏锐的眼睛。

一、爱是教育热情的源泉

　　热爱高中教育，热爱自己的学生，对教育事业心存敬重，唯有如此，才能产生拼搏奋发的动力。教师的劳动是平凡，但当看到孩子们一个个由初入高中时的懵懂走向成熟，走进大学，一个个学生、家长，满脸灿烂的笑容，幸福，我们怎能不深感欣慰，不珍视做班主任的这份荣耀呢？苏霍姆林斯基曾经说过："我一生中最主要的东西是什么呢？我会毫不犹豫地回答：热爱儿童"。在教育教学过程中，把爱奉献给全体学生是教师的天职。班主任应该对每一个学生充满仁爱之心，抓住每个微小契机，不失时机地去表扬、鼓励、欣赏、呵护他们，为他们送去温暖。多一点耐心，多一点信心，多一点微笑！心中有大爱，才能在日复一日，年复一年的平凡工作中让我们充满底气，热情不减。

二、积淀丰厚的知识底蕴

"三新"改革的全面推行，给班主任工作提出了更细更高的要求。学校和每个班集体都处在了这个阵地的最前沿。班主任的素质将对班集体的成长和发展起到重要的甚至是决定性的作用。兼有双重身份的班主任更须不断学习，聚沙成塔，集腋成裘，积淀知识底蕴。读书，是提高班主任素养的重要途径。班主任作为知识的播种者、心灵的塑造者、生活的导师和道德的引路人，言传身教中无一不透露出自身的个性品质。

知识渊博的班主任往往最受欢迎，我们要常读经典著作，尤其是教育典籍。只有通过大量的阅读，才能拥有广阔的知识，才不至于教育方法陈旧，教育理念滞后，工作思路缺乏前瞻性。只有成为学生心目中知识丰富、人格高尚的渊博型班主任，学生才会信其师，听其言。也只有这样，才会使班主任的底气更加厚实。

三、学习管理的艺术

作为班主任，不仅要拥有深厚的专业知识，也要学习一定的管理艺术，我们的班级，是由四五十名充满个性的同学组成的集体，他们鲜活、生动、充满个性，又有不同的家庭教育背景，要把这样一个集体管理好，组织好，让他们仍然能够在求学的道路上充分发挥主观能动性，取得各自最好的成绩，必须在教学之余，学点管理的技巧，管理的艺术，才能够把这些孩子凝聚成一个牢不可破的集体，才能够把集体的力量传导给每一个同学，让他们在班级中感受到温暖，感受到力量，借助班级来充分发展自己的学业，成长自己。

只有做到以上几点，或许，我们才能成为一个硬气的班主任，一个有底气的班主任，一个智慧的班主任。

欣闻《师言——靖远一中教师文集》结集出版，自己内心十分欢悦，这本集子，是我校班主任管理经验和艺术的凝结，在新高考推行的当下，在教育管理任务十分繁重的今天，有着十分重要的作用，对每一个老班主任和新入职的教师，都是一本有着丰厚养料的读物。是为序！

郭玉杰

GuoYuJie

　　郭玉杰，1964 年生，中共党员，正高级教师，白银市政协委员，靖远县人大代表。2012 年 3 月—2015 年 2 月任靖远县三滩中学校长，2015 年 2 月—2019 年 8 月任靖远三中校长，2019 年 8 月至今任靖远一中校长。在国家、省级刊物上发表论文数十篇，2012 年被评为教育系统"优秀共产党员"，2014 年被评为靖远县"优秀校长"，2017 年被评为"甘肃省优秀教师"，并授予"省园丁"荣誉称号，2018 年被评为第四届甘肃省中学生运动会"学校体育工作先进个人"，2019 年被授予学校体育工作"优秀校长奖"，2019 年荣获"全国科教先进校长"称号，2022 年被评为靖远县"优秀校长"。

以德养心，以知养技

靖远一中党委书记　邹占才

"三新"改革全面推行，学校、教师、学生全面迎接新的挑战，教与学的压力陡增，如何科学地育人，班主任的重要性不言而喻，怎样帮助学生从繁重的学习压力中走出来，轻装上阵，是每一个班主任老师面临的新课题，需要以德养心，以知养技。

一、不忘"立德树人"的教育初心

习近平总书记指出："要全面贯彻党的教育方针，落实立德树人根本任务，发展素质教育，推进教育公平，培养德智体美全面发展的社会主义建设者和接班人。"立德，就是坚持德育为先，通过正面教育来引导人、感化人、激励人；树人，就是坚持以人为本，通过合适的教育来塑造人、改变人、发展人。坚持"为党育人、为国育才"的初心使命，以"四有"好老师的标准严格要求自己，以德立身，以德立学，以德施教，着力传播先进思想。在细微处见师德，在日常中守师德，养成师德自律习惯，提高师德践行能力。立足三尺讲台、潜心教书育人，以自己的德、才、情给学生终身受益的影响和感化，当好学生成人成才的引路人和守护者。

"师者，学高为师，德高为范"。在高中生即将踏入大学的关键时期，班主任良好的个人品质是培养学生树立正确的人生观和价值观的关键。

二、具备良好的心理疏导技巧

高中班主任，要科学培养学生面对困难与压力、机遇与挑战时应具备的健康心理素质，提升高中生遇事不慌张、做事不极端的良好心态。

作为高中生，他们要面对学习的压力，面对升学的挑战，学生很容易出现心理方面的问题，班主任只有以"第一视角"走进学生的内心世界，了解学生的内心想法，才能把握他们心理方面存在这些负面特征的真正原因，才能"对症下药""标本兼治"。首先，班主任需从高中生的平时生活和学习入手，与他们进行平等、轻松的交流，了解他们的需求，逐渐走进他们的内心，如此才能了解他们的真正想法及出现心理偏差的原因。其次，还要通过向班级其他的学生了解、与其家长及任课老师交流等方式，达到充分了解学生的目的。班主任要具备敏锐的洞察力，一旦发现问题就应及早进行心理干预。

因此，高中班主任，应该成为合格的心理咨询师，生涯规划指导老师，帮助他们规划学业方向，塑造健康的心理。

三、重视营造良好的班级文化氛围

引导班级不定期举行有意义的活动，如班级主题板报宣传、各种节文艺活动、体育竞技、党团知识竞赛及其他团委活动等，丰富第二课堂，增强班级凝聚力。

班主任要有遇事不惊，处事不乱的作风；要有爱护班级的热情，管好班级的激情；要根据班级学生的特殊性，因材施教，注重引导，奖惩严明，帮助学生树立坚定的政治立场和正确的道德规范。新时期的班主任工作是系统的、复杂的，同时兼具特殊性，需在管理中不断总结，不断探索和研究。

相信，《师言——靖远一中教师文集》结集出版，对靖远一中的师生及读到这本书的老师，都能够带来帮助！

邹占才

ZouZhanCai

邹占才，1967年生，中共党员，正高级教师，靖远县人大社会建设委员会委员。现任靖远一中党委书记。1988年8月参加工作，先后在靖远五合中学、糜滩中学、城关中学任教；2002年8月至2007年7月在靖远三中担任副校长；2007年8月至2012年7月在东湾中学担任校长；2012年8月至2020年1月在靖远职专担任校长；2020年1月至2023年6月，任靖远一中党总支书记；2023年6月至今任靖远一中党委书记。

曾获靖远县"青年岗位能手标兵"、"优秀校长"，白银市"园丁奖"、甘肃省"职业教育明星校长"，甘肃省广播电视大学"先进工作者"等荣誉称号。担任白银市中专教师职称评审评委，受聘为白银市政府兼职督学、在省级教育刊物上发表论文多篇，主持编写中等职业教育教材两部。

目

录

Contents

1

篇一

家校共育理论

SHIYAN

无人否认，中小学生心理问题比较普遍，其造成的后果十分严重，但人们总简单化地将之归因于学校应试教育，忽略了家庭教育。其实，各种类型的学生心理疾患，很多是源自不正当、不合理的家庭教育。

　　教育部颁布的《中小学心理健康教育指导纲要》提出，积极开通学校与家庭同步实施心理健康教育的渠道。学校要指导家长转变教育观念，了解和掌握心理健康教育的方法，注重自身良好心理素质的养成，营造家庭心理健康教育的环境，以家长的理想、追求、品格和行为影响孩子。这一"指导"为学校实施心理健康教育指明了方向、路径，学校在开展心理健康教育时不能让班主任和心理老师"单打独斗"，而是要提醒班主任和心理老师携手家长，实行家校共育。

张国帅

ZhangGuoShuai

张国帅，中共党员，本科学历，高级教师，2002年参加工作，历任靖远一中政治教研组组长，靖远一中团委书记，政教副主任、主任，现任靖远一中副校长。从教22年，担任15年高三班主任工作。曾获"全国普法教育先进个人""甘肃省优秀团干部"，白银市"优秀班主任"、"市园丁"，白银市"一师一优课，一课一名师"先进个人，白银市优质课二等奖，"靖远县十大杰出青年""百名教坛新秀"。"十二五"骨干教师、"课堂改革先进个人"、"优秀教师"、"青年教学新秀"等荣誉称号。

春光莫问君行道
桃李园中好修行

思政组　张国帅

> 一千次振翅，星辰为伴，我们奋力飞跃从热爱到达梦想的距离；
>
> 一万里跋扈，驰而不息，我们努力丈量从自律通往自由的天地。

不做老师难以感悟教育之真谛，不当班主任不足以言师论道。班主任以父母之心育人，以慈悲之心教化，以伯乐之心树才，是不忘的教育初心；班主任有一种情感不能相守却天长地久，有一种付出不计回报却没有尽头，有一种坚持不可永恒却永不放手，是心存的人间大爱；班主任有一腔自己的苦只有自己知道、亏欠自己孩子自责不已、走进班级忘记病痛与荣辱的"大我"情怀。

小时候常躲在父亲身后，看着成群的小孩排队唱歌，我也一通"乱吼"，无忧无虑的农村小学生活在父亲的陪伴下享受了快乐和自由，那时我还没有"班主任"这个概念。步入初中，为了美好的生活，走出了深山沟来到了"大水田地",家庭的贫困常震撼我的灵魂,念书只为"不下煤巷",那是父母和老师给我的理由,念叨这句话最多的除了父母,就是一位老师——班主任;远离父母来到县城上高中,班主任是我"有事必找"的老师,是早上叫我起床、晚上催我入睡的老师,是不上课必须追查的老师,是和父母合力鼓劲让我"走出农村"的老师……

幸入师道中,一去二十年。我父亲躬耕"民教"三十年,煤油灯下的备课,鸡鸣而作日出而教的生活场景,每当想起我对老师这个职业总是敬而远之,然而"理想很丰满,现实很骨感",我在茫茫人海不停寻觅还是与教师这个职业不期而遇。一路走来,我与班主任工作结下了不解之缘,在兰州私立学校与学生同吃同住,只为六百"大洋",身心疲惫的我正想打道回府,恰逢县城招选,虽成绩无上,但薪资羞涩,并冠之"县聘教师",常唏嘘长叹,十年寒窗有亏先母之望。走进神圣而庄严的靖远一中,惴惴不安,战战兢兢,只想站稳讲台,如有一日能安身立命,实应感谢大好时代。岁月如梭,光阴似箭,一转眼已是不惑之年,回首过去,在靖远一中二十个春秋,唯有十五载与学生风雨同舟的班主任生活值得回味,伏案常思,我有以下几点感悟与体会与同仁共勉:

一、体究践履,实地用功

王阳明在《传习录》中有言"体究践履,实地用功",其意为:体会研究,认真实践,踏实履行,实实在在用功。这对班主任工作具有借鉴与助力作用。

1.事必躬亲，惟细惟实

班主任工作不是安排部署，而是要事必躬亲，亲力亲为。班主任工作都是由一个个细节构成的，如填写一张表，组织一个活动，参加一次远足……细节虽小，但是做好了、做到位了，体现的便是班主任的大思想、大智慧。要把班主任工作做好，必须从大处着眼，小处着手，关注细节。一个成功的班主任，一定是时时体会研究，认真实践，善于用细节去感染、教育、引导学生的细心人。正如所言，教师不在于他教了多少年书，而在于他用心教了多少年书，一个班主任的价值，不在于他当了多少年班主任，而在于他是否每天都在塑造着"新我"，每天都从一个新的角度帮助学生认识世界。

2.苦出成绩，干出名堂

一个人要想成就一番事业，总要经历各种各样的考验，迎接大大小小的挑战，这是人生奋斗的一个普遍规律。吃苦是人生的一门必修课，没有与困难的较量，成绩便减了许多成色；没有和逆境的斗争，成功也打了许多折扣；没有对艰苦的感悟，人生就会少了许多精彩，故有"天将降大任于斯人也，必先苦其心智，劳其筋骨，饿其体肤，空乏其身"之励志语。在我们这个班主任的团队里，每天都有感人的故事，为了班级的荣誉、为了学生的成绩，食不知味、夜不能寐，高考传捷报，自己却哭成个泪人。"哪有什么岁月静好，只不过有人替你负重前行"，学生辉煌成绩的背后站的是一个"巨人"——班主任。他们在风雨中踏实履职，于危难中勇于担当，在取舍中舍小顾大。所以成绩是苦出来的，名堂是干出来的。

二、道术并修，刚柔相济

1.道为魂，术为体，修为用

中国文化博大精深，两千多年来一直深深影响着我们为人处世、生活事业各个方面，其精髓总结起来，概括为两个字，就是道与术，班主任工作也不例外。班主任教育学生为学、为事、为人目的即谓"道"；通过巧妙的"春风化雨，润物细无声"的方式方法达到即谓"术"。教育名家陶行知说："教是为了不教。"魏书生说："管是为了不管。"班主任工作要讲究"方圆"艺术，所谓"方"，即工作的准则、原则；所谓"圆"，即工作的策略、技巧。方中求圆，圆中求方，方圆统一，才能相得益彰。班主任只有道术并修，才能"妙手"管班级，才能走进每一个学生的心灵，才能寻找到做班主任的幸福感。

2.管服并举，刚柔相济，恩威并施

班主任不仅要学会"铁砂掌"，更要熟练"太极拳"，刚柔相济，严爱有度。班主任工作，"刚"是严格要求，"柔"是爱心关怀，"恩"让学生感动，"威"让学生敬服。管理班级，打不出威信，骂不出威信，却可以"爱"出威信。但光有爱心是远远不够的。所谓"严师出高徒，厉将出雄兵"，班主任要有严肃的表情、严厉的态度和严格的要求。班主任工作，就是要拥有"爱心＋严格"、"管理＋服务"的思想理念，严有尺度，爱有距离，才能树立一个关心学生、热爱学生的形象，一个有知识涵养、宽容大度的形象，一个严肃认真、不失幽默的形象，一个善解人意、却又决不姑息不良错误的形象，才能让学生觉得班主任可敬、可亲、可信、可爱。

三、家校合作，为学为人

1. 家校合力，德才并育

家校合作，教育才更高效。对班主任而言，学生家长是个格外让人神经紧张的存在。就当前社会现象而言，现在诸多家长认为把自己的孩子交给班主任就等于把孩子的一切都交由班主任来负责，尤其是班主任不仅要对学生的成绩负责，还要对学生的身体、学生的生活、学生的交友等负责。但与此相反，孩子的教育绝不仅仅是班主任的问题，而更是家长的问题。教育的问题不是孤立的问题，它是一个各种因素综合的结果，很多时候班主任作用的发挥可能会稍有限制和困难，只有家校合作才有学生未来，深度合作才能共育英才。

班级不谈成绩，学生就没有未来，班主任工作抓成绩有理有据。但值得强调的是，成绩不是班主任工作的全部，还应该包括学校德育等全方位工作。新时代需要德才兼备的社会主义接班人，智商有可能决定一个人事业的起点，而情商却决定着他事业的终点，这里的"智"就是才，"情"就是"德"，班主任就是要德才并重、情理兼修。

2. 敬教劝学，为学为人

"敬教劝学，建国之大本；兴贤育才，为政之先务。"意思是说：重视教育鼓励学习，是建国的根本；起用贤良培养人才，是治理国家的首要任务。班主任工作当以"敬教劝学"策之以道，班主任工作是一群有情怀的人做着一件有温度的事，教育是一群不够完美的人，带领另一群不够完美的人，走向完美的过程。

习近平总书记要求教师努力做学生为学、为事、为人的大先生，努力做"经师""人师"相统一的"大先生"。有这样一群人，他们就是传播知识、传播思想，塑造灵魂、塑造生命的优秀班主任代表。他们用实际行动践行了铸魂育人、立德树人的誓言，是学校各方面工作的中坚力量。

"经师易遇，人师难遭。""经师"是"授业解惑"的知识传授者，"人师"则是"以身作则"的道德持守者。在"天下熙熙，皆为利来；天下攘攘，皆为利往"的现实社会中，要做一个信守道德、洁身自好的"人"尚且不易，要做一位人格完美、道德模范的"人师"愈加艰难。"蒙以养正，圣功也"，"大先生"最重要的是教给学生正确的思想，引导学生走正路。

没有真正的差生，只有差异生，没有完美的老师，只有成长中的"大先生"。与学生共同成长的幸福，是班主任追梦的原因所在，为情坚守，为爱守望，快乐着学生的快乐，幸福着学生的幸福，只为收获暮年儿孙绕膝之乐时，更有桃李芳华之相慰。

陈永长

ChenYongChang

　　陈永长，甘肃省靖远县人，1963年生，大学学历，中学高级教师。1981年8月—1983年8月在陇西县任教。1983年9月—2000年7月在靖远县糜滩中学任教。2000年8月—至2023年在靖远一中任教。教龄42年。1988年"县园丁"。2009年白银市说课一等奖。2005年5月在《考试报》发表《巧用公式"sin2a+cos2a=1"解题》，2010年6月在《甘肃日报》发表《巧用班会给学生"补钙"》。先后担任初中高中班主任达30多年。多次评校"先进教师"，"优秀班主任"。

知识改变命运，习惯成就未来

数学组　陈永长

"知识改变命运，习惯成就未来"，每个学生都肩负一个家庭的希望。作为一名教育工作者，特别是班主任老师，不仅要深入了解自己的学生，更要重视学生日常行为习惯的养成。

一、全面了解学生

1. 学生第一次开学报名，我就要求学生详细填写家庭信息，掌握学生家庭情况的第一手材料，这对开展以后的家校工作尤为重要。

2. 利用自习和课间休息时间，争取和每一个学生个别谈话。从了解学生家庭成员情况入手，营造和谐的谈话氛围，倾听学生的"苦衷"，与学生真心对话，认真做学生的"听众"，多用支持、鼓励性的语气，让学生敢说话，说真话。深入了解每一个学生，对于个别有"苦衷"的学生，要多关心，想办法从心理上给学生减负。

3. 和学生家长交流。班主任代表的是班级、学校的形象，言谈举止要大方得体。班主任和家长见面，首先要了解学生的学习环境，了解学生在家表现，听取学生及家长对学习目标的设定以及对学校的期许。其次要向家长反馈学生在校期间优秀的一面以及不足，真诚地与家长探讨，寻找适合孩子学习成长的方法举措，要让学生感受到，老师和家长的接触不是向家长告状，从而让学生进一步信任老师。只有深入了解学生，才能因材施教，规范行为。

二、处处关爱，时时鼓励

1. 班主任应该用"显微镜"去观察学生的优点。美丽无处不在，对我们来说，不是缺乏美感，而是缺乏发现。在学生的学习阶段，班主任必须用自己的眼光去探寻和挖掘学生的优势和长处，不断鼓励，关爱，引导学生向更好的方向发展。学生偶尔犯错，作为班主任一定要控制好自己的情绪。自控能力差，贪玩爱闹，瞌睡犯困是青少年学生的生理天性，要允许学生出现这样那样的缺点。相信只要我们正确引导，学生会认识缺点、纠正错误，不断完善自我。

2. 在日常教育教学过程中，班主任要认真仔细地发现每位学生的优点和特长。如偶然发现某个平时学习成绩差的学生自己做对了一道题或回答对了一个问题，就要及时表扬，适时充分激发学生的学习兴趣。若发现平时比较散漫的某某同学做了一件好事或做好了一件事，就当即表扬并在班会上，当着全班学生的面，赞扬其行为，倡导其他同学向其学习，使学生充分感受到被尊重，被重视，充分提高学生的自信心。

3.做好班主任工作，就要善于接近学生，体贴和关心学生，这是班主任顺利开展一切工作的基础。和每一个学生进行亲切的思想交流，让学生真正感受到老师对他的爱护。耐心地说服教育违反纪律的同学，用心地帮助学习吃力的同学，真心地鼓励有进步的同学，抓住每一个人身上的优点和可爱之处。其实每位学生都有各自不同的优点，了解、发现学生的优点，让每一个学生的优点迸出火花。

三、教育学生养成良好的日常生活习惯

关注学生身心健康，关心学生日常活动，利用班会积极引导教育学生。

1.要有良好习惯。按时起床、到校、休息，培养良好的卫生习惯，讲究个人卫生和集体卫生，不随地吐痰，不乱扔垃圾，维护良好的学习和生活环境。养成良好的饮食习惯，"粒粒皆辛苦"，饭菜勿浪费。尤其要形成自觉学习的良好习惯，每人要有一个完整的学习计划，各科学习时间要有一个具体的安排，经常做到回头看，查缺补漏，自我完善。

2.教育学生遵纪守法，现在做文明学生，将来成为国家的有用人才。在学校生活中要识大体顾大局，维护集体荣誉，注重个人良好的形象，同学之间，应该互相关心，互相爱护，互相帮助，合作共勉。在家体贴家长，与兄弟姐妹、左邻右舍和睦相处。在

日常社会生活中要遵守社会公德，学会谦虚礼让，尊老爱幼，文明交流。若遇到不愉快的事情发生，或遇偶发事件，头脑要冷静，三思而后行，换位思考，妥善处理。做一个有品位的人，赢得社会赞誉。

3. 教育学生热爱祖国，没有中国共产党的正确领导就没有我们今天幸福美好的生活；感恩父母，没有父母的千辛万苦，哪有我们的丰衣足食。让学生树立一个正确的读书思想，"为中华崛起而读书"，为充实自己改变家乡及家庭面貌而勤奋学习。

四、增强学生的自控能力

"酸甜苦辣皆是味，喜怒哀乐都是情。"生活的多彩酿就了情绪的多彩。上晚自习说说笑笑妨碍干扰别人，与别人发生冲突，动不动恶语伤人，甚至大打出手不思后果等等问题，都是自控能力的问题。教育学生在日常生活和学习中控制和协调自己的情绪、言行和举止，培养学生与高中年龄段相称的自制能力。三国时的关羽因过度的骄傲而败走麦城，刘备的过度悲愤只顾报仇不能自制被"火烧连营七百里"。而清朝的林则徐面对广州腐败官吏的百般阻挠，使他怒不可遏，但他知暴怒无济于事，只有"制怒"以图之，完成了历史上有名的"虎门销烟"。作为一个学生，若自制能力差，不认真学习，不按时到校上课，学业就会荒废；抽烟喝酒玩赌，浪费经济损害健康；骂人打架法纪不容，上网成瘾学业难成。没有自控能力，会给本人、家庭及社会造成危害，有时会造成不可挽回的损失。所以要教育学生增强自控，提高妥善解决问题的能力。

李 章

Li Zhang

李章，靖远东湾人，本科学历，高级教师。1993年7月毕业于天水师范高等专科学校数学系数计专业，1998年8月函授毕业于西北师范大学数学系数学教育专业，1993年8月—1995年7月在三滩镇中一学校任教，1995年8月—1997年7月在东湾镇红柳初中任教，1997年8月起在靖远县第一中学任教。曾获市"骨干教师"，县"优秀班主任"等称号，优质课获市二等奖。

做一个智慧型的班主任

数学组　李章

　　班主任是班级管理的核心。良好班风的形成，学生身心的健康成长，文化素质的提高，班主任作用至关重要。当一个班主任容易，但当好一个班主任，管好一个班集体就不是一件容易的事情了。本着学习的原则，就我担任班主任工作以来的心得和体会与大家分享，有不妥之处期望能得到大家的批评指正。

一、用"爱心"去关爱每一位学生

　　"没有爱就没有教育"。爱，是班级管理的一个基础。班主任应当用爱心去关爱每一位学生，在工作中无论对人对事都要公正、平等，尤其是对待后进生要真心实意。平等能够营造融洽，爱心可使枯木复苏，耐心能够修好"破罐"。班主任虽然不可能将精力在同一时间平均分给每一个学生，但只要我们心中装着全体学生，用心关爱每一位学生，就必然能够发现学生身上潜藏的智慧和创造力，挖掘出每一位学生的闪光点。作为班主任，我们每一天清晨都会在课前来到班里，讲安全、抓纪律、看卫生、查出勤、督促学习，不足之处组织学生及时落实。孩子生病了，一个慰问电话；天冷了，一句叮咛；成绩提高了，一句表扬，一个肯定的眼神——这些在孩子眼里，就是爱。

作为班主任，除了关心学生的生活，还要关心学生的学习、身心的健康和思想状况，在精神上给予他们鼓励和支持。对于那些学习退步的，家庭有困难的，缺少母爱父爱等问题的同学，我常常耐心地开导、鼓励、教育他们，不断与他们谈心，这样既掌握了他们的心理活动，又消除了他们的精神压力，还取得了他们的信任。在学习上不偏袒、不歧视、不放弃任何一名学生。要求自己做到不以家庭出身高低、智力好坏定亲疏，不以成绩好坏分优劣。尊重学生的人格，做到严中有爱，严中有章，严中有信，严中有度。及时地把握学生的思想动态，找准谈话时机，做好学生的思想工作。

二、为人师表，率先垂范，做好学生思想和行动的引路人

班主任是全班学生的组织者、教育者和指导者，对创建良好的班集体，提高学生素质，陶冶学生的情操有着极为重要的作用。著名的教育家陶行知说过：教师的身教往往胜于言教，要求学生做到的，教师首先要做到，并且要做得更好，这样在无形之中就为学生树立了榜样。"桃李不言，下自成蹊"，三分言教，七分身教，教育者要做到"未曾开口人先服"，关键在于率先垂

范。比如说，每一天走进教室，教师先把自我的讲桌擦一擦，用完的东西及时整齐有序的摆放好，看到掉在地上的纸屑随手捡起来，请同学帮忙后，说一声多谢，用教师的高大形象，影响学生的人格。日复一日，学生看在眼里，记在心里，并落实到自我的行动中，潜移默化地促使学生拥有优秀的品质和完美的心灵。

三、建立一支团结协作的班干部队伍

班主任工作千头万绪，事务繁杂。既要抓教学业务，又要抓班级管理，有时还要兼上其他班的课。这样看来，如果不选出一支好的班干部队伍协助班主任管理班级是不行的。作为班主任，在接手某一个班之后，一定要花心思，想办法组建一支得力的、团结协作的、积极向上的班干部队伍。不能盲目，一定要细心观察、了解。班干部组建好了，班级管理的效果也就明显了。这个班干部集体，一定要学习努力，成绩较好，在同学面前能抬得起头，说得起话，有个人威信；敢说敢管，认真负责，团结协作，有凝聚力。班主任与班干部协作，逐渐形成学生的自我管理。这样，既锻炼了学生的组织和协调能力，班主任工作也容易开展。

四、"勤"字当头，搞好班主任工作

在这一点上班主任也达成了共识。此前流行一句话：要把一个班级带好，班主任必须有"妈妈的心、媳妇的腿、婆婆的嘴"。

（1）要勤深入学生的生活。当今的高中学生与过去的学生相

比，有了明显的变化，既期望班主任能和他们打成一片，参与他们的各种活动，又期望得到班主任的尊重、爱护和关心，期望能直接得到班主任的多方面指点。其实与学生交流的机会很多，比如：上自习、课前，查宿舍、跑操、面批等，还可以利用看归纳本、批作业时留言，写几句话，可指出问题可鼓励，我们要善于捕捉与学生交谈的机会。

（2）要勤于观察。班主任要获得关于学生的第一手资料，就要事事留心、时时注意、处处发现。比如，在课堂上观察学生的注意力状况、情绪表现、答题的正误和角度、作业的质量和速度。在课外活动中观察学生的活动能力、意志品质、个性倾向、人际关系和团体观念等等。

（3）要勤于思考。加强反思，对每一天班里出现的问题要及时处理。要及时了解学生状态，有针对性地处理一些违纪学生，不要与学生对立，要晓之以理动之以情。教师必须善于控制自我的感情，不能以体罚学生来发泄自我的情绪。同时，一个合格教师，必须具有灵活的教育智慧，善于处理各种偶发事件和教育过程中的其他问题。教师对学生既要尊重信任，又要严格要求，面向全体，又区别对待，因材施教，既适时适度，又持之以恒，既重视学习，又注意品德、体质的发展，让鼓励赞美成为孩子快速成长的动力。

五、家校联合、共同教育

古语云："养不教，父之过；教不严，师之惰"。学校和家庭教育是一体的，家庭和学校教育缺失任何一方都是孤掌难鸣。家庭和学校在对孩子的教育上各有所长，如能进行优势互补，形成家校合力，定能更好地促进孩子的幸福成长。

首先教师在进行教育教学工作时，应当多和家长联系和沟通，多听取家长的意见。其次，教师和家长联系时应注意多报喜、巧批评。多向家长反映孩子的进步，多表扬孩子的优点，对于一些确实存在缺点的孩子，在和家长反映时，应多注意语气和方式，不要造成家长反感。最后，家长也需要调整自己的理念，不能认为教育孩子是学校的任务。家长在辛苦工作的同时也应多抽时间陪陪孩子，理解并配合学校的教育工作。

费尔巴哈在《幸福论》中提出："一切有生命和爱的动物，一切生存着和希望生存的生物之最根本和最原始的活动就是对幸福的追求。"学校与家庭最根本和最原始的活动都是让孩子们能够幸福成长，而缺失任何一方都是不完整的教育。所以，只有学校教育和家庭教育紧密联系，和谐统一发展，教育才有可能发挥其最大的育人效益，更好地促进孩子幸福成长。

十多年的班主任工作，一路风雨一路歌。有辛酸，有泪水，有成功，也有喜悦。班主任的工作是复杂的，任务是繁重的。可是，只要我们真诚地热爱学生，热爱班主任工作，在实践中不断完善自我，构建系统科学的工作方法，是能够干的很出色的。

刘仁祖

LiuRenZu

刘仁祖，中共党员，1982年生。现任甘肃省靖远县第一中学数学组教研组长、高二年级数学组备课组长。

手拉手，共圆梦

数学组　刘仁祖

　　2018年8月，一次偶然的机会来到母校——靖远一中。突然回到家乡，回到母校倍感亲切。来到这里，就意味着过去的成绩归零，一切要重新开始。于是我用特别的热情和勤奋开始我的教育工作。我从担任班主任和数学教育教学工作以来，就给自己制定了一个工作计划：一年成长，两年胜任，三年出众，六年出彩。我开始暗暗下决心，不与他们比经验，要比精力。于是我首先"勤"字当头，做到手"勤"，勤批改作业，周记，做好心理沟通无障碍。脚"勤"，勤到班，当时把时间调快了两分钟。口"勤"多交流，我送给孩子们四句话：第一句：高考就是高高兴兴的去考试，相信自己能考高，只要有进步，就是最棒的！这句话告诉孩子我们的目标就是考高分。第二句：赏识与惩罚结合，"先礼后兵"，不要不撞南墙不回头，撞了南墙拆了继续走。如果你是铁打的，那么我就是打铁的；你是花朵，我就辛勤浇灌。

这句话告诉孩子不要违纪，违纪就要惩罚。第三句：竞赛机制管理就是积分管理，你的积分就是你的幸福指数，决定了你的位置。第四句：拳头是打天下的，绝不是打人的。

随着社会的发展，班主任工作的定位也渐渐发生了变化，它由以前教师工作的副业，发展成为同授课一样是教师工作的主业。班主任在日常的班级生活中扮演着实施德育、管理和引领，促进学生健康全面发展的角色。因此，我认为教育不是把一只水桶装满，而是点燃一堆火焰。这种想法也来源于苏格拉底的教育理念，他认为教育对一个人的成长非常重要。无论是天资比较聪明的人还是天资比较鲁钝的人，如果他们决心要得到值得称道的成就，都必须勤学苦练才行。他主张首先要培养人的美德，教人学会做人，成为有德行的人。其次才要教人学习广博而实用的知识。教师将先进的思想装进学生的"心脑血管"，学生有了"我的中国心"就会实现"我的中国梦"。

由此可见，德育教育应该成为班主任工作的重点。所以我把工作思路定为：抓学生思想和抓学生行动同时进行，以"育人"成就所有。我的方法策略是：管理学生要严中有爱；教导学生要心中有数；开发学生要同中有异；启示学生要有始有终；培养学生要"闹"中有"jing"（敬、静、净、竞）；锻炼学生要苦中有乐（学习、身心、其他）。我的实施步骤是：以带班育人为基本出发点，做到三个层面，即：管理、教育、领导，但不论是"管"还是"领"，都是以"育人"为目的。

首先，管理学生是"育人"的第一步，从第一次接触学生开始即给学生留下必须敬畏的印象，让学生知道作为学生要"有所为，有所不为"。在新学校的大环境中亦是"没有规矩，不成方圆"，制定符合班级现状的班规，且在执行的过程中更是秉承"班规不容情面的"态度，让学生知道自己的所作所为将预示着什么。

其次，班主任工作的重点，即是育人。这个过程是班主任老师一生的事业。在这个过程中我坚持：提供机会、熏陶感染——情景体验、搭建平台——用心倾听、躬身示范。

1. 提供机会、熏陶感染。老师在班级管理的过程中遇到学生自己或者班干部能够解决的问题时可以适当地放手，让学生们相互解决。例如，每当遇到学生之间闹矛盾、打架时，大多数老师都会急急忙忙跑过去劝架，然后了解情况，再说服教育。这种处理方法往往会出现双方都不服气，你说你有理，我说我有理，老师不易解决。遇到这种突发事件后，我很少用当面说服教育来解决矛盾，一般情况下是让双方到一个安静、没人的地方自己调解，调解完了再来找我汇报调解经过、解决方法。这样处理，往往不用我费太多说教，两人就调解成功，握手和好了。这样既解放了班主任老师的时间，又让学生学会调整情绪、辨别是非，学会实事求是、学会坚持对的，学会放弃错的，更学会了反思、宽容、换位思考，发展了个人的能力。

2. 情景体验、搭建平台。如我班的李斌同学在课间的时候欺负我班的另外两名同学，我发现后不仅没有被他的恶作剧激怒，反而从他的不良行为中发现了他在班级中的"地位"，让他担任班里的纪律委员，协助老师管理纪律，从而引导他正确地与同学沟通、相处，利用自己能力释放正能量，为班级做出贡献。

3. 用心倾听、躬身示范。陶行知说得好："运用朋友的关系，彼此自由交换学识，要比摆架子好得多，你要了解学生的问题，体谅学生的困难，处处都显示出你愿意帮助学生求学而没有一丝一毫的不耐烦。"因此教师要走向学生，了解学生，善于倾听学生的心声，与学生进行思想和情感上的交流，才能从中获取信息，了解学生学习情况，帮助学生解疑答惑；学生则能从老师的倾听中感觉到自尊，树立信心，增加亲切感。倾听是双向的，一个愿听，一个愿说，来不得半点勉强，教师也可把自己的生活经历及喜怒哀乐讲给学生听，以引起师生在情感上的共鸣。倾听的后续工作是身体力行，躬身示范，是给倾诉的学生满意的答复，也是班主任老师尊重学生的体现。最后，领导就是"领而导之"，也是"育人"的目标，是影响带动一个群体实现某一目标的过程。创设有挑战性的目标，通过影响力，调动大家，变革创新，实现目标。

经过教师、家长、学生的齐心协力，全面配合，我们班学生的身心状态都非常积极健康，学生素质发展全面，人际关系融洽，学习习惯良好，学习氛围浓厚，积聚了积极向上的正能量，学生"知书达理，孝亲懂礼"，"亲其师，信其道"，不仅学会了学习，更重要的是学会了做人。在校内外生活中的学习实践能力、融合应变能力、务实创新能力都得到了全面的培养和提高。

值得注意的是，在以后的工作中应该把社会主义核心价值观融入班级管理的各个细节，无论是班级日常教育管理，还是解决具体问题，无论是常规教育引导，还是处理突发事件，无论是面对全班，还是针对个体，都应注重给学生社会主义核心价值观方面知识的介绍，让学生更加透彻地理解其内涵。

毛永安

MaoYongAn

　　毛永安，甘肃靖远人，中共党员，中学高级教师。2001年9月进入靖远一中数学组任教，2001年6月毕业于庆阳师专数学系，本科毕业于西北师大数学与应用数学专业。曾先后获得县"教学标兵""优秀班主任"市"青年教学能手"市"骨干教师""优秀共产党员"等荣誉称号。所带班级三次被评为市"先进班集体"。曾三次获得市"优质课"一等奖，全国"优秀课"三等奖，荣获省"一师一优课，一课一名师"一等奖，课例被评为教育部部级优课。白银市教育局普通高中教育教学视导专家，白银市优质课评委，市高评会评委。

我的二十一年

数学组　毛永安

　　"全国公安系统英雄模范立功集体表彰大会2022年5月25日上午在京举行。会上宣读了……公安部关于表彰全国公安系统优秀单位优秀人民警察和全国公安机关爱民模范的命令，并向获奖集体和个人代表颁奖。靖远县公安局民警吴国柱同志荣获全国优秀人民警察表彰……"看着电视中的新闻，我的思绪回到了二十一年前。

　　2001年9月我参加考试进入了靖远一中，承担高一1班、2班、9班的数学教学工作，并担任高一2班的班主任。吴国柱正是高一2班的学生，在一次欢送新兵入伍的校外活动中，我叫住了没有整队就自行解散的他。

　　"为什么不集合就要走？"

　　"我看新兵已经过去了，其他班都解散了……"

　　"我们是一个团队、一个集体，在校外就代表着靖远一中的形象，整整齐齐地带出来，完完整整的走回去！这是纪律，是规矩，更是2班学生的本分！"

"老师，我知道错了，不会再有下次的，以后我一定把班级利益放在前，守规矩、听指挥……"

二十一年转瞬即逝，吴国柱从一个懵懂少年成长为全国优秀人民警察，我也步入中年，成为44岁的大叔，青春早已不再，但不变的是班主任的称谓和责任！从2004届2班，2007届4班，2010届3班，2013届英才2班，2016届2班，2019届英才1班到现在的高一16班、高二16班，我一直都守在教育教学的第一线，履行着一名班主任的职责和使命。同时我也享受着班主任工作带来的荣誉：2007届4班，2010届3班，2016届2班荣获"白银市先进班集体"。累并幸福着，就是当我看到自己的学生吴国柱、张树军、叶树成、周雅莉、高维东、包正杰、宋占璞、杨家鑫、岳生源、魏晋艳、何晓攀、赵映敏、赵学旺、张清祥、何爱宇、杜佳麟、欧阳尔立、高雅洁、杜进祥、魏小康、芦志宏、周建坤、刘兴祥、贾其荣……都能在各自的岗位上发光发热，为祖国和人民作出贡献！心中无比的自豪和骄傲。

二十一年也是漫长的，当年我从庆阳师专数学系的教室走进了靖远一中高一学生的视线，既参加了2001年8月的学校考试，又取得了2002年全县招考教师笔试、面试双第一的成绩，当时一名师范专业毕业生的教育历程才刚刚起步。

"咱们学校急缺数学教师，所以才让你带三个班的数学，张维红老师患有喉炎，你再把高一2班的班主任也带上。"赵得璧校长用缓慢但不容置辩的语气对我说。

"我，刚毕业，我怕带不好……"

"用心去带就没有带不好的！"

就这样，我耐心陪伴着学生的每一天早操，一起迎着朝阳，伴着晨风，大步奔向未来；我细心观察着每一个学生的变化，点点滴滴，方方面面，纠正错误，批评教育；我努力爱着学生的所爱，加入班级足球队跟学生一起踢校园联赛，以此提升班级凝聚力和集体荣誉感；我持之以恒地守着教育的初心，面对一届一届的学生就如同第一次走上讲台般认真……"用心去带，就没有带不好的！"果然，功夫不负有心人，教室里的奖状、学生脸上的笑容、家长的夸赞和社会的认可伴随着"高考指标"的超额完成接踵而来，难道这不正是对二十一年教育使命担当与执着最好的嘉奖？

二十一年有苦有甜，有收获也有失落。我的班主任工作虽然得到了学生、家长的赞许和社会的认可，但仍然会犯一些错误，班上有学生纠集、参与外校和社会闲散人员打架时，我会愤然出手，严厉地惩戒打人者，用雷霆手段迫使犯错学生悬崖勒马！随着时间的推移我也学会了冷静、理智地处理班级问题，学会了"攻心为上"的战略战术，懂得了家校合作、共同解决问题的方式方法……每当圆满地解决一个问题，解开一个学生的心结，我的内心就是充实的，就是成就感满满的。可当我踏着星辉，一路欢歌地走进家门，看到早已熟睡的女儿时，我也会自责，不配做一个称职的父亲；当我所带的班级实现目标取得成绩时，我的内心就是幸福的，就是荣誉感爆棚的，可当我踩着暖阳，一路笑语推开房门看到父母为我准备美食而劳累的身影时，我更会自责，不配做一个孝顺的子女……

二十一年风风雨雨，有笑声也有泪水，有故事也有成绩。从最初的中学三级教师，二级教师，到中学一级教师，再到高级教师，我一步步地在锻炼，一年年地在成长。我曾先后获得"靖远县第五届教学标兵""县优秀班主任""园丁奖"，"靖远县教育系统优秀共产党员"，"白银市青年教学能手"，"白银市骨干教师等荣誉称号"；所带班级于2006年、2009年、2016年三次被评为白银市先进班集体；于2005年，2011年，2016年三次获得白银市数学优质课竞赛一等奖，2006年全国第三届高中数学优秀课比赛三等奖，2016年甘肃省优课一等奖，2017年教育部"一师一优课，一课一名师"活动获得部级优课；在《白银教育》《西部素质教育》《中学课程辅导》《学周刊》等省市学术刊物发表论文数篇；辅导学生参加高中数学联赛获得省、市一、二、三等奖数十人次；作为第2人参与甘肃省教育科学"十二五"规划课题并通过鉴定；在2017年被白银市教育局聘为"普通高中教育教学视导专家"。

"路漫漫其修远兮，吾将上下而求索"，新时代新的召唤，我在2024年又踏上了新的征程！是教育的初心，是使命，更是担当，我在班主任教育者的岗位上又将砥砺前行！

　　牢记使命，用心带班，尽心教学，精心育人，我在一条平凡的路上心甘情愿的继续做着一件平凡的事情！累并幸福着⋯⋯

马　平

MaPing

　　马平，1964年生，甘肃靖远人，中共党员。正高级教师，甘肃省特级教师、甘肃省优秀班主任、甘肃省骨干教师。1982年8月参加工作，1994年8月由高湾中学调入靖远一中任教。1982年6月毕业于靖远师范学校，1987年6月毕业于定西教育学院中文专业，1999年8月毕业于西北师范大学汉语言文学专业。现担任甘肃省普通高中新课程学科（白银语文）教学改革研究与实验基地主持人，白银市普通高中语文学科基地负责人，白银市语文学科教学研究会理事长。主持及参与完成了《高中语文教学"少教多学"策略与方法研究》等7项省级课题的研究工作，在《语文建设》等期刊发表专业论文20多篇。

班主任工作的一点体会

语文组　马平

从教四十余载，班主任工作三十二年。回顾班主任工作的经历，有辛苦也有收获。在靖远一中二十三年的班主任工作中，我所带的班级曾连续十七年荣获校"先进班集体"称号，三次荣获市"先进班集体"称号，我也因此获得省、市"优秀班主任"称号。我的一切荣誉都是在班主任荣誉之下慢慢衍生出来的。班主任工作非常辛苦，但怎样做才能让自己的付出有所收获，并赢得好的口碑呢？就这方面，我谈点自己的体会。

一、要和学生和谐相处

和学生和谐相处，这是班主任工作能赢得好口碑的前提。班主任要放下自己的架子，走近学生，亲近学生，关心学生，和学生敞开心扉交流，这样，学生才会亲近你、喜欢你、尊重你。如果你经常扮着一个"苦瓜脸"，表面上学生很怕你，但内心却不一定认可你，整天在"畏惧你"的氛围中度日，这样会影响到学生的学习状态，学生对你的口碑也会大打折扣。

和学生和谐相处，最难处理的是学生出现错误的时候。学生犯错误是难免的，班主任在实际工作中也经常会遇到学生犯错误的情况，甚至常常会遇到一些自己很"愤怒"的情况，比如有的学生偏偏在你强调某个问题之后"闯红灯"，还有的恰恰在最不应该出问题的时候出问题，这时做班主任的就要控制好自己的情绪，要因人而异，把握好教育的方式与尺度。承受能力差的，单独说教，在情与理方面多做工作，注重引导；承受能力好的，可当面批评，以儆效尤。批评要把握好角度，可以从家长的期望、本人在同学当中的形象及前途等方面指出他这样做的后果。对学生进行批评时，要让其他同学感到你的批评是合情合理的，这样学生就会支持你，切忌恶语相加，甚至谩骂，绝对不能出现有损于学生人格的言语。因为有损于人格的言语可能会激怒学生，萌发对立情绪，产生报复心理，对你横眉冷对、怒目而视，让你难堪，甚至其他同学都可能站在被批评的一方，看你的笑话，你的权威将不复存在。这样的学生接下来你可能就无法管理，班级工作也将会越来越艰难。我在过去的班主任工作中，虽然平时不经常对学生发火，但我说的话学生还是信服的，我的要求学生还是能做到的，面对学生偶尔的违规行为，我过问时学生态度还是很诚恳的。

二、要重视集体活动

重视集体活动，是班主任在学生中赢得好口碑的一个重要方面。每个学生都希望自己的班级是最棒的——学习成绩优异，各项比赛成绩名列前茅，所以，如果学校举行某项活动，尤其是集体活动，比如歌咏比赛、队列队形比赛等等，班主任一定要精心设计，认真组织，扎实训练，不要怕麻烦，也不要怕耽误学习时间，因为如果班主任不重视，抱着应付的态度，一旦成绩不理想，学生就会怨声载道，把责任全部归结到班主任身上，认为正是由于班主任的不负责任才导致成绩的不理想，接下来班主任的发号施令就不灵了，班级工作就变得艰难了。如果班主任非常重视，即使成绩不理想，学生也不会去抱怨班主任，就会在其他方面找原因，甚至感到对不起班主任，接下来就会在其他方面好好努力，班级的向心力、凝聚力就会增强的；一旦取得好成绩，全班的精神风貌会为之一振，各方面的工作会非常景气。

三、要赢得家长的好口碑

在家长中赢得好的口碑，让家长认可你。除了平时的点点滴滴之外，还有两点要注意，其一是寒暑假，在寒暑假时要向家长传递对学生关爱的信息。我在担任班主任的时候，基本上每个假期至少要给每个学生家长打一次电话，不告学生的状，只过问学生在假期的学习情况，提醒家长虽在假期但不能放松对学生学习的督促，同时也让学生知道虽在假期但我这个班主任还在关心他们的学习。这样虽花费了几个电话费，但家长们会感觉到我是一个负责任的班主任，我对他们的子女非常关心，也很用心，他们就会认可我，会从内心感激我，即使将来子女的成绩不理想，也不会一股脑儿把责任推给班主任、把火发在班主任的身上；其二是要慎重叫家长。学生犯了错误的时候，有些班主任习惯于叫家长。我的观点是除非学生有不到校等安全方面的问题要告诉家长外，绝不要因为学生违纪问题而叫家长。因为叫家长是威慑学生的底线，如果你捅破了这道底线，学生就没有什么畏惧感了，管理的难度就变得非常大了。自尊心人皆有之，渴望得到别人的尊重是每个人的内心渴求，学生自然也不例外。叫家长，学生既畏惧又反感，动不动就叫家长的班主任，学生是极其反感的。我当了三十二年班主任，从没有因为学生违纪的事而叫过家长。因为我认为，叫家长说明你已经没办法了，是对自己的否定，所以我没有在这方面给自己招惹麻烦。另外，如果叫家长，就一定要尊重家长，绝不能当着学生的面数落家长，更不能既叫家长又停学生的课。想想，如果家长来看到自己的孩子站在教室外没有上课，心里将是怎样的感受？换位思考，如果我们是这位家长，又将如何？脾气火爆的，可能当时就让你难堪；忍耐心好一点的，当时虽不说什么，但可能会走到哪里就对你非议到哪里。

四、要有满满的责任心

班主任工作是非常辛苦的，也正因为如此，很多人都不愿意当班主任。如果已经当了班主任，就要尽心尽力把这项工作做好，这样既能赢得学校、家长的肯定，也能赢得学生的尊敬与拥戴，更能让自己的内心踏实，给自己带来一定的回报。我在一中的二十三年班主任工作中，恪尽职守，倾心竭力。依相关规章制度规范学生，做到率先垂范，同学生一道落实相关要求，起早贪黑、勤跟紧抓。每天的早操、课间操、眼保健操及下午放学前的十分钟总结我都到位，每天的晚自习我都坚守到最后，教室宿舍卫生我经常检查督促。班干部各司其职，把各自负责的工作随时向我汇报，各项集体活动我都精心组织，这样，我所带的班级在学校对班级的量化积分考核中几乎每年都名列年级第一。在那个以班级量化积分考核评定先进班集体的年代，我所带的班级每年都是校先进班集体，我也因此在我的三个不同职称段（二级、一级、高级）中分别获得了一次市先进班集体的称号。2010年，适逢上级主管部门开展各级优秀班主任评选的机会，我凭借连续十六年校先进班集体、三次市先进班集体的荣誉及两篇省级班主任论文等条件，在校、县、市层层筛选中突围，有幸获得了白银市普通高中唯一一个省级优秀班主任的荣誉称号，多年的付出终于得到了回报。其实，每个班主任都是很辛苦的，就看谁更辛苦一点，就这多出来的一点点，或许能让你收获多多。

　　总之，班主任工作是一项复杂辛苦的工作，要从点滴做起，从小事做起，不求能做出惊天动地的伟业，但求尽心尽力地付出，就能够收获快乐与回报。

陈朝纲

ChenChaoGang

　　陈朝纲，教龄40年，中学高级教师，从事高中语文教育教学工作，曾任教导处副主任和总务处主任。荣获靖远县"园丁奖"，白银市中学教师"青年教学能手"，市、县"中学骨干教师"，"靖远县第四届教学标兵"，靖远县教育系统"优秀党员"，白银市"全市学校德育工作先进个人"，所带班级获白银市"先进班集体"称号。2007年所带高三英才班三名学生进入全省理科前100名。

当学生满意老师　创家长满意班级

语文组　陈朝纲

　　教育工作肩负着为实现全面建成小康社会乃至为中华民族伟大复兴提供人才和智力支持的光荣任务，肩负着培养大批高素质劳动者、建设者、管理者的历史使命。百年大计，教育为本；教育大计，教师为本。要担当好教育工作的光荣使命，就必须营造高尚的师德师风，打造一流的教师队伍，使教师真正成为先进生产力和先进文化发展的弘扬者和推动者，做青少年学生健康成长的指导者和引路人，成为无愧于党和人民的人类灵魂工程师，切实担当起在民族复兴大业中所肩负的重任。

　　教师是知识的重要传播者和创造者，连接着文明进步的历史、现在和未来。教师要始终牢记自己的神圣职责，在深刻的社会变革和丰富的教育实践中履行自己的职责。教育过程不仅是传道、授业、解惑，还是师与生之间一种感情和信息的传递，接手每一个班级，要从一开始就通过各种途径和方式，以最快的速度对号入座，以最快的速度了解和掌握每个学生的个性特点、兴趣爱好、行为习惯、学习态度、思想状况、家庭环境以及父母的文化层次、家庭主要成员的文化结构，在脑海里建立起每个学生的个人档案。在此基础上，针对学生的各自特点，对症下药，量体裁衣，因材施教，在照顾学生自尊心的前提下，努力接近学生，让学生了解自己，从而建立起师生间相互信任的知己关系。

尊重学生的人格，做学生的知心朋友，首先要爱学生，用老师的爱心培养学生的爱心。教师要经常深入学生家庭、学生宿舍，经常深入学生所居社区（乡村），主动联系每一个家庭，关爱每一个学生，把全心全意为人民服务变为自觉行动，爱岗敬业，辛勤耕耘，严格遵守工作纪律，全身心地投入，不拈轻怕重，才能出色地完成任务。学校成立空飞预备班，我任首届班主任，一个新生事物诞生之时，人们或漠然视之，或等待观望，或纷纷非议，工作难度相当大，我勤耕细作，创造性地开展工作，圆满地完成了学校的既定目标。2000年秋季，学校根据靖远当时教育发展的趋势，审时度势，决定成立奥赛班，我又被选为首届奥赛班的班主任。这既是压力也是动力，新生入学伊始，我就全身心地投入班级管理工作，勤跟勤查，勤作勤说，深入学生，全面了解学生的思想动态和心理状态以及生活中存在的问题，做学生的知心朋友，真正和学生打成一片。在全面了解学生的情况后，结合实际及时制定班级管理公约和学习奋斗目标。班主任要做好学生思想工作，首先就要做好示范。要求学生做到的自己要率先做到，要求学生按时到校，自己就要提前十分钟站在教室门口：要求学生学会尊重别人，自己就要先尊重学生的人格，以为示范。待学生就像待自己的子女一样，晓之以理，动之以情，视学生为朋友，尔后序之以礼。多年来，我没缺过一个早操，没旷过一个晚自习。在教育学生时我从不讽刺挖苦任何一名学生。我认为只有耐心地说服教育，才能使学生从内心深处认识自己存在的问题，只有以平等民主的态度维系师生关系，学生才能把自己的心思毫无顾虑地讲给老师听。我所带的2003届班级里有位张姓同学，一段时间情绪低落，学习劲头不足，我发觉这个情况之后，先做了一番细致调查，得知她父母正在闹离婚，家庭矛盾重重，致使该学生无法安心学习。掌握这一情况后，我才找张同学进行谈话。张同学开始有些顾虑，不想谈及家庭事务。家丑不可外传嘛，这是中国人的普遍心理，这是完全可以理解的。我并没有因此而放弃，而是耐心地说服，使她理解老师是在真心诚意地帮她解决问题，张同学便打消了防备情绪，敞开心扉地道出了自己的家务事以及自己对父母的看法，其实她并不想让父母离婚，她的父母也不是真要离婚，只是对某些小事持有不同观点而闹僵的。得知此情，我和张同学讨论了在这场闹剧中应该扮演的角色，确定了她下一步采取的措施，后来张同学在家中实施了我们既定的措施，几天后，她高兴地向老师报告了取得的成效。随即，我及时地做了一次家访，并在和家长谈话中借题发挥，谈及家庭对孩子发展的重要作用，开诚布公的谈心，善良无私的爱心，终于使张同学从困境中摆脱出来，学习信心大增，最终考取了理想大学。

平时工作中，我不仅注重做细致的思想工作，更注重以身作则的示范教育作用，以此来提高养成教育的成效。有一次，我所带班级的刘同学因晚上在宿舍点蜡烛被学校领导批评，心存怨气，尔后对班主任的教育心存抵触，并把这种情绪带入平时的学习中。面对这种情况，如果简单处理，这个学生就会从此放弃进取，经过一周的细致观察，并在掌握大量事实的前提下，我找刘同学谈心，先从刘同学在课堂上的表现及在作业中屡屡出错的现状谈起，进而谈及怎样处理人际关系、个人与集体的关系等等，使该同学认识到自己行为的偏颇，及时地纠正了自己的行为。

像这样的事例还有很多很多，总之，只有对学生的三年高中生活倾注了心血，才能获得成功的喜悦。我所带的班级在2003年高考中取得优异成绩，得到学生、家长、学校的好评。但我并不因此而骄傲，送走了2003届学生，我又担任了2003级奥赛班的班主任，工作再接再厉，任劳任怨，一如既往。从事教育工作以来，始终严格要求自己，以身立教，为人师表，要有面向全体学生的爱心，有引导学生进步的耐心，有转化后进学生的信心，有指导具体活动的热心，有抓班级工作的专心。这样才真能做好班主任工作。列宁说："教师的世界观，他的品行，他的生活，他对每一现象的态度都这样那样地影响着学生。"这就是言传身教。教师本身的品德修养，不仅仅是他个人的事情，也是教育过程中一种不可或缺的德育因素。在教学实践中，始终坚持通过言传身教体现自己的教育思想，通过自己的所言所行去感召教育学生。在我所带过的班级中，曾有个别学生因家庭困难而打算放弃学业，但经我多方努力，他们都坚持完成了学业。1998年，有个叫曹某某的学生，不但家境困难，而且母亲患病，弟弟又离家出走，在重重压力之下，曹同学辍学回家了。我在班上讲了曹同学的家庭情况后，同学们情绪激昂，纷纷献计献策，经过一番讨论，大家一致认为应该帮助曹同学。此时我因势导引，自己带头捐献了二百元，于是同学们纷纷慷慨解囊，兄弟班级的同学知道后也伸出了援助之手，半天时间我们就募捐了两千多元。我带着班干部来到了曹同学家里，其父被同学的一片爱心所感动，誓言定要克服困难，让孩子回到学校。在同学们的爱心滋润下，曹同学完成了高中学业，还考上了大学。

多年来，我始终以踏实肯干、一丝不苟的态度对待工作，用无限的爱心去开启学生的心扉，用人格的力量去感染学生的心灵，用广博的学识去开发学生的智慧，在教育这块广阔的天地里发挥着自己的聪明才干，取得了一些成绩。

在教学工作中，扎实地备课，细致地讲课，耐心地辅导，目标明确，重点突出。注重对学习方法的探讨，注意收集教育改革方向和高考有关信息，探索和钻研新的教学实际结合起来，使自己所讲的课能常讲常新，取得了良好的教学效果。在课堂教学中能强化学生的自学能力的培养，特别注重思维能力的培养，激发学生对语言的兴趣，以灵活风趣的教学方法，深入浅出的讲解，活跃课堂教学气氛，提高课堂教学效果，极力推进素质教育。努力进取，不甘落后，积极涉猎新的知识，接受新的理念，使自己的教学水平和知识储备能适应时代。虽然学习有相当大的难度，但我勇于吃苦，刻苦钻研，甚至假期也不休息，坚持学习，如参加电脑培训，掌握先进的多媒体电教技术，以此来充实自己的头脑，丰富自己的知识，加强自己的教学能力，提高自己的教学水平，在使自己的知识不断新陈代谢的同时，也保证了学生能吸收到新鲜的知识。因为此，我多年来所教班的语文成绩始终名列前茅，不论是学校组织的考试，还是市里的统考、省上的会考，尤其在2007年度高考都取得了优异成绩，所带班级的高考成绩均高于省、市、县平均成绩，所带语文科高考平均成绩达118.78分。

近年来，我在教育教学工作中取得的成绩得到了上级领导的肯定，2002年所带班级获得年度白银市"先进班集体"称号，2005年5月获得白银市"全市学校德育工作先进个人"荣誉。

"但向耕耘，莫问酬答，多思奉献，少求索取"，这是我几十年如一日矢志不渝的人生准则和道德追求。把党员高尚的风范作为人生信条，时刻规范自己的行为，在工作中严谨务实，乐于奉献，表现出顽强的毅力和扎实的工作作风，以及不为任何困苦所阻的韧劲。在多年的教育教学工作中，总是勤勤恳恳，兢兢业业，"出满勤，干满点"，出色地完成学校交给我的各项教育教学任务。

篇二 团体动力理论

SHIYAN

团体动力学（英文：group dynamics），又称群体动力学、集团力学，是研究诸如群体气氛、群体成员间的关系、领导作风对群体性质的影响等群体生活的动力方面的社会心理学分支。团体动力学一词最初由勒温于1939年提出。自1945年勒温在马萨诸塞理工学院创办团体动力学研究中心以来，团体动力学无论在理论研究上还是在实际应用上都得到迅速的发展，推动了社会心理学的研究。

　　团体动力学的基本概念是生活空间，它包括人与环境。但人既是个体的存在，也是团体的存在；而环境既是物理的、心理的，也是社会的。个体不是孤立的个别属性的机械相加，它是在一定的生活空间里组织为一个完整的系统。从这一点出发，很容易达到这样的结论：团体决不是各个互不相干的个体的集合，而是有着联系的个体间的一组关系。作为团体它不是由各个个体的特征所决定的，而取决于团体成员相互依存的那种内在的关系。由此认为，虽然团体的行动要看构成团体的成员本身，但已经建立起来的一个团体有着很强的纽带使个体成员的动机与团体目标几乎混为一体，难以区分。所以一般说来，引起社会团体变化而改变其个体要比直接改变个体容易得多。这就是整体比部分重要得多的场论的基本思想。

朱生龙

ZhuShengLong

朱生龙，1981年生，中共党员，中学高级教师，甘肃省特级教师，甘肃省优秀班主任、"省园丁"获得者，甘肃省骨干教师，甘肃省作家协会会员，国家高级心理咨询师。历任靖远一中团委书记、办公室副主任、主任、主管教学副校长，2023年6月任靖远职专党总支书记。

曾获靖远县"十大杰出青年"，靖远县"优秀班主任"，白银市"优秀共产党员"，白银市"优秀共青团干部"，白银市首届"美德教师"，白银市"奉献铜城·建功立业"百名优秀知识分子，白银市"师德师风先进个人"，白银市"青年教学能手"，白银市"骨干教师"，白银市"学科带头人"等荣誉，所带班级6次被评为市县先进班集体，在国家、省市县优质课竞赛中均获一等奖，主持完成省级课题1项，有国家级新型专利1项。主编发行首部《靖远一中校史》，先后编写《墨香留韵书画册》《新课程新教材新高考指导读本》；在《读者》等报刊发表作品20余篇，出版《教育的阶梯》《云亭兰若集》《贝壳里的梦》3部教育类专著。

人心向暖　寒门不寒

——首届"珍珠班"记事

思政组　朱生龙

　　2022年，适逢靖远一中建校80周年，学校组织编写班主任交流经验文集以示纪念，特别是一些"特殊"班级的"前世今生"在学校发展的历史长河中犹如一朵朵盛开的花儿争奇斗艳。每一个"特殊"班级的存在都有一段时代的"姻缘"。就像我今天要记下的这个班级——珍珠班，只不过我自己觉得"珍珠班"不是"特殊"而是"特别"的班级了。

　　有美不扬，天下何观。作为靖远一中"珍珠班"和"弘文班"的首届班主任，今天，又在一个"特别"的日子记下曾经"特别"的事。下午时分，2022年高考录取捷报再传，今年所带"弘文班"的学生又创造了历史：张宏智同学成为靖远一中历史上第一个被清华大学录取的文科生……人大、南开、中山、中国政法、北师大、北外等名校纷至沓来，第一届"弘文班"又创造了学校文科发展史上的"第一次"。欣喜之余伏案疾书，在感恩母校八十华诞之际，记下"珍珠班"留在靖远大地上的"故事"和"弘文班"的"修德弘文、誓心必达"，不为自利，只为利他。因为自己觉着，教育就应该向他人传递生命和道德的气息。

2014年秋季，在一次学校行政会上对几个"调皮捣蛋"的学生按照校规校纪做了处罚。会议之余，大家都在讨论学校内经常或者最容易犯错误的学生都属于哪一类家庭。在一旁的我，边做会议记录边思考，也想起发生在我的同龄人中的那些"捣蛋学生"的是是非非。会后，"捣蛋学生"或者"问题家庭学生"如何教育成了我良久思考的问题。因为，有些学生不是天生就"捣蛋"，有些家庭也并不是因为自身的不努力而"分崩离析"或者家徒四壁，也有贫病交加、飞来横祸等偶发灾难造成家庭的七零八落、贫困至极的。我在上学的时候，有一部分同龄人先后辍学，就是因为"一分钱难倒英雄汉"的经济窘状让一颗努力向上的心无可奈何，有的同学甚至是自暴自弃，破罐子破摔了。有时候我在想，要是当时能遇上哪位爱心天使在这些同学最困难的时候帮一把，也不至于辍学甚至沦落。

走上教师这个岗位，我坚信教育的目的是育人，教书是手段，育人才是目的，教育应该是"防患于未然"的先知先觉。"问题学生"事出必有因，如果能及时发现、尽最大可能减少"问题"的滋生或者膨胀，再加上正确的引导和培育，这才是真正发挥了教育的效用，让"问题学生"变得"没问题"这才是教育的抱朴本质。

世事如棋，缘即如风。2014年9月13日下午3时，吴贵栋校长电话通知张维发副校长和我一起去会宁三中，去参加白银市侨联负责联系的一个资助项目活动，说很特别，值得学习。

也就是那次学习参观和深夜的一次"特别"交流，深深触动了我的灵魂。第一次感悟到爱心帮扶与公益捐助的力量对教育有如此大的效用，我萌生了在靖远发起"捡回珍珠计划"的强烈想法，总觉着公益捐助的本质应该和教育的本质都是一样的，都是要具备大德大爱大情怀的品质。

锦绣有光摇竹影，珍珠无价买春华。返回靖远之后，我便着手家访，用行动呈请基金会的"礼遇"，祈祷着"爱"的种子在靖远大地上落地生根，开花结果。2015年4月17日，浙江省新华爱心教育基金会第一次派傅静秘书长和潘瑜老师来校考察"珍珠班"建设事宜。在两位爱心人士返回浙江后，我以两封份长信"安放在贝壳里的梦和幻影""唯美的遇见，留给苦难一个背影"通过白银市侨联秘书长张明琴转发给两位老师，敬呈基金会，希望能在白银市增设"珍珠班"对靖远地区的"寒门学子"进行帮扶。静水流深、爱融于行，几经波折后，基金会发函指定我作为"珍珠班"的第一届班主任，秋季按照40人开始招生（关于"珍珠班"更为详实的介绍我在2018年12月由甘肃人民出版社出版发行的《贝壳里的梦》一书中详细记载，读者可进一步阅读了解）。

2015年秋季，靖远一中"珍珠班"的顺利开设是在国家"精准扶贫"的大政策背景下建立的，为靖远地区因各种问题导致贫困的家庭和学生带来了一连串的福音，也是学校进一步帮扶贫困生和解决"问题家庭学生"的一项非常有意义的爱心工程，也从很大程度上填补了"教育精准扶贫"的空白，为靖远县脱贫攻坚做出了应有的贡献。

"珍珠班"三年，从"珍珠之家"到"大爱书屋"；从"珍珠引路"到"崇世励学"；从"家的故事"到"黄金阅读"；从教室文化到宿舍文化；从夏令营到外出研学；从"仁义礼智信"到"温良恭俭让"；从"每周之星"到"全国美德少年"；从"县先进班集体"到"市先进班集体"；从"珍珠1号"到"状元奖牌"……太多值得骄傲的过往，值得珍藏和记忆。还记得吴校长说："校园里见到学生向我问好的，大多数都是珍珠生。"还记得，"珍珠班"学生考全校第一名时的喜悦；还记得"珍珠生"考县状元的欣喜；还记得因为"珍珠班"学生"人好"的故事竞选成功学生会主席、广播站站长，还有我们一起"游"的那些快乐时光、生日Party、包饺子、开晚会……谁说寒门再难出贵子，就像当时很多老师、家长和同学说的那样："珍珠班"的学生用行动证明了，靖远娃娃——能行！

仁心为慈，济困为善，暖心的事情都很难忘。因为"珍珠生"的良好表现，学校一些老师无偿捐赠衣服、文具等，在我筹划建立"大爱书屋"时，学校也有老师义务来整理书籍、填写书签。西北师范大学实习生张鲜鲜同学写给"珍珠班"的尺素中国农业大学博士团留给"珍珠班"的祝福等等，拳拳在念、低回不已。更有一件很特别的事情令人难忘：学校几位聘用的临时工平时整理些垃圾卖了一部分钱，有一天70多岁的曾师傅给我带来450

块钱，说办"珍珠班"是个积德行善的好事，我知道你带"珍珠班"不收学生班费，"珍珠班"的娃娃不容易，那些娃娃对我们也挺好，也帮过我们，从来不偏看我们这些下苦的，我代表我们几个老汉把这些钱给你当班费，你留下……那一次，我真的感动了。自链家集团贾生平女士给班里第一笔班费之后，我没想到第二笔竟然来自几位校聘老师傅之手。百般推脱，曾师傅说你不收就是看不起我们这些老汉。后来，我收下了这份情谊，也知道了曾师傅等老人准备离开学校回家安度晚年的事。因为感恩，只能通过其他渠道给予几位老师傅更多的补偿。很多感动的事例不能一一叙述，愿有缘人能接触到《贝壳里的梦》那本书，了解真实、有情怀、有温度的教育，我们一起携手为了那些需要帮助的孩子一起努力。

黄金非宝书为宝，万事皆空善不空。首届"珍珠班"学生自身的努力超乎想象，由原来的40名同学，到毕业时的51名同学，不断的家访、不断的帮扶，"珍珠班"资助方黄崇美阿姨说："苦难是化了妆的幸福。"颜姕如女士讲："悠悠书海，胸怀大爱。"袁虹教授说："西北汉子的胸膛里是一团火，点燃着自己，温暖着孩子们。"王晓红博士感叹："教师强则少年强，少年强则中国强"。珍珠班"人数的增加完全出于爱的馈赠，珍珠班的磁场完全来自博爱的南北极。

一个人的旅途，也是一群人的风景。一次次家访，就是一段段难忘的回忆：芦草沟梁上遇见漫天冰雹；黑虎岔坡上因暴雨过后道路湿滑汽车差点掉进悬崖；高湾沟里汽车陷入水沟；东升乡里被大狗狂追……一幕幕的惊险都幻化成了以后学生给我的一次次惊喜。我曾经告诉学生，我从来都不怕现在的一贫如洗，就害怕咱们自己的一蹶不振，只有站起来，怀着一往无前的信仰，才可能有一技之长或者一鸣惊人，瘫倒的野马永远追不上狂奔的蜗牛，实现梦想需要外界的帮助，但更需要的是本身强大的内驱力。

"珍珠班"的三年，作为班主任来说，在德育方面的付出是最大的，交流、谈心、鼓励、帮扶……完全站在一个"大家长"的层面使尽浑身解数陪伴和守护。过去的记忆就像一部电视剧一样。蒙太奇的光影，有时候感动得让人泪流满面，有时候气愤得让人心肺俱炸，有时候幸福得让人觉着此生无憾，有时候让人觉着"竖子不可教"……"都云作者痴，谁解其中味"，只有经历过才知道什么叫作刻骨铭心。"竹杖芒鞋轻胜马"的从容，需要"一蓑烟雨任平生"的豁达，更需要"莫听穿林打叶声，何妨吟啸且徐行"的执着和超然。

事虽不易，但过去了，满怀成就，满心欢喜。2016年4月，有幸随基金会组建的考察团到台湾交流学习。2016年10月，我在白银市文明办、白银市教育局等部门联办的白银市"道德讲堂"开讲现场做了"静水流深，爱融于行"为主题的报告，讲述靖远地区"捡回珍珠计划"的故事，会场上500多人响起了很多次掌声。时任白银市教育局局长余进祥非常赞赏"教育精准扶贫"的提法和做法。近些年，我先后在靖远、兰州、浙江等地做"四有"好老师、师德师风、骨干教师培训、班级管理经营等为主题的报告，也有幸受邀在"捡回珍珠计划"陕甘宁西部论坛、甘肃省广播电视总台"对话陇原·致敬陇原教育者"栏目中交流分享和接受采访。

2017年10月，基金会创办人一行来校考察，看完留言"不一样，就是不一样"，"珍珠生"不是贫穷和落后的代表，而是满满的励志和正能量。后来创办人王建煊老先生在我出版《贝壳里的梦》一书时亲笔写了一份"珍珠生跃马中原，展翅上腾"的序言。

"捡回珍珠计划"路上的"育珠人"能成为接受爱、传递爱的"击鼓人"是何其有幸。带"珍珠班"期间，时任靖远县委书记郑钰和县长刘力江，市、县主管教育的相关领导先后到"珍珠班"指导调研。刘力江县长也亲自带团到浙江新华爱心教育基金会考察过。这让我想起了当时刘力江县长来靖远时帮助靖远一中设立"弘毅班"奖助学金（每年54万）和郑钰书记鼎力支持敬立靖远一中第一任校长苏振甲雕像的事。作为地方的领导，情系教育，助学兴教之厚德值得铭记。

千淘万漉虽辛苦，吹尽狂沙始到金。2018年第一届"珍珠班"顺利毕业，冲天喜报透乌兰，满城尽带黄金甲，高考的各项指标均超额完成，甚至是翻倍完成。一连串的惊喜让我对教育本身有了更加深刻的感悟和认识。在最后的毕业分别会上，更让我感动的是白银市侨联领导和时任教育局局长韩亮都能拔冗出席。

2018年的那个暑假，当同学们拿到大学录取通知书后，大家循着我当年走过的路，相互走家串户，相互鼓励道喜，让我感动的是高湾那道大山沟里，同学们遇上的洪水比我当时遇上的还要大，学生们光着脚丫，提着鞋凫着水过，等过去了还给我打电话说："老班啊，我们已安全到达，您当年为了我们逐一家访，真不容易啊。"

其实，不管怎样的付出，我都担心同学们在高考中考得不理想。所以，我在平时写书稿的时候会情不自禁的流泪，因为我也害怕所有的付出变成一部"悲情故事"。高考过后，喜报频传，看着同学们满足的笑脸，我立刻重新整理书稿，是学生的行动硬生生让我将书名《流泪的青春》改成了《贝壳里的梦》。

点亮生命，与爱同行。"珍珠班"的成功大大激发了我将这些学生的真实故事写成书出版发行的想法。教育是最直接最彻底的精准扶贫，教师是最伟大最荣耀的金牌职业，教书是最本真最修心的雕塑工程，育人是最博爱最无私的情智园丁，拷问灵魂，亲近教育的诗和远方……一系列的词句涌上心头。我重新翻阅了张克让校长以前写过的《滋兰树蕙录》，也很荣幸地得到了张克让校长"珠光闪亮蕴大爱"的序言和王松山老先生题写的"贝壳里的梦"书名。

2018年12月，《贝壳里的梦》由甘肃人民出版社出版发行8000册，浙江省新华爱心教育基金会鼎力支持，在全国近30个省市区联系发行。在靖远本地，很感谢当时教育党工委的关爱，有一部分书作为"党员活动日"的读本，但大部分都送给我认识和不认识的学生了。不论怎样，我觉着自己也算是认真做了一件事的。后来，这本书在网络平台曾一路紧俏直至售罄。有些学校甚至专门选择了这一本书做图书交流会，一时得到了很好的反响。

我想，这本书能在大范围传播开来，完全源于人性的善和对教育塑造本质的愿景。后来，也有人问我花一二十万出这么一本书有什么意义。其实，成书的目的很简单，就是：人心向暖，寒门不寒，让更多的人看见，教育是最直接最彻底的精准扶贫，不管是物质的还是精神的。除此之外，也是自己对热爱教育的父亲逝世十周年的缅怀，是对天下父母的致敬。

也许我所做的努力只是杯水车薪，但我坚信道阻且长，行则将至；行而不辍，未来可期。走过"捡回珍珠的路"，总觉着教育锦绣繁华的康庄大道上，"雪中送炭""面对一丛野菊花而怦然心动的情怀"不失为"一朵云""一棵树"的灵魂挚爱。

从事教育工作以来，我总觉着"人好啥都好"。一直认为应试教育也只是素质教育的一部分，"分数"只是中国学生素养的副产品、是激发学生内驱力之后水到渠成的结果。我也告诉我的学生：爱使我们在一起，努力到无能为力，拼搏到感动自己，高考后不要留下太大的遗憾就算是取得阶段性的胜利了。做班主任至今，很感谢我的运气和命运，不论是什么样层次的班级，至少到现在都超额完成了各项指标，甚至创造了一个又一个小小的历史。16年间，先后获得了5个市县先进班集体，2次县优秀班主任，3次"市园丁"，1次甘肃省优秀班主任"省园丁"……在别人看来是"荣誉无数"，可在我心中，那些"班主任奖项"的背后，是不舍昼夜的付出。抚摸着那一张张荣誉证书，我知道汗水与泪水交融的味道，我也懂得荣誉与幸福的滋味，我更明白：师者，没有学校这个平台，没有学生这个群体，就什么也不是！当我站在白银市首届"美德教师"表彰大会的领奖台上；当我捧起白银市"奉献铜城·建功立业"百名优秀知识分子的奖杯；当我展开甘肃省优秀班主任"省园丁奖"的证书；当我小心翼翼地拿起可爱的学生给我那么多的小卡片、千纸鹤和一些手工作品的时候，我知道"任凭弱水三千，我只取一瓢饮"，这一生注定融在教育的星辰大海里，向着光，一路奔跑，直到梦的尽头都是快乐的。

2020年11月，受读者集团温彬校友的推荐，我写的一篇文章《如果没有那次相聚，也许我早就嫁人了》登上《读者》（校园版）。一时"北边珍珠爸爸"的故事刷爆朋友圈，受到了很多媒体的关注，文章的主人公也得到了所在高校的关爱和很多好心人的帮扶。一篇文章，我感受更多的媒体人转发和爱心人士帮扶背后"接受爱""传递爱"的人性温良，在这个富而好礼的国度，谁都不会站在"寒门"外挥手离去！

各美其美，美人之美。2021年7月30日，清华大学经管学院"SEM视野"微信公众号上推出"精益求精，兴华同行：今朝灿烂，静候圆梦"为主题的实践小分队工作记事，推文中"有限的教育资源并不意味着教育环境难以优化，贫困的家庭并不能束缚追梦的脚步"的"悟道"栏目留给我很大的启发。8位清华大学经管学院的状元级高才生第一次来靖远支教7天，留给他们最多的却是县中教育的善良和善良的教育。队长邓泽辰同学的"切实看到公益给个体带来的改变"，唐梦萍同学"教育不是把桶装满，而是将火点燃"，姜悦同学"对于一个地区来说，教育是脱离贫困后谋取可持续发展的最优途径"，李星华同学"愿你在迷茫时，坚信你的珍贵"，薛子秦同学"朱老师用他的行动，告诉我们教育的真谛——用真情换真意，用真诚换真情，扶贫的困难千千万，教育正是从根本上做出改变的唯一突破口"，杨婷婷同学"希望我的理想主义继续存在着，并在时代中永远保持应有的活力与应处的状态"，韦昱岐同学"多一个像朱老师这样的教育工作者，就多一座山区孩子们走向广阔世界的桥梁"，彭友同学的"一瞬间我突然理解了许多老师能够坚持在这个辛苦岗位上耕耘一生的信念"……之所以写下这些，是因为我在这几位清华骄子的一言一行中看到了未来的"光"。同学们感慨："这七天将成为我这一生独一无二、无法替代的回忆""将是我此生难忘的珍贵回忆""愿我们再次相见，是在山顶"……队长邓泽辰同学说："第一次来靖远，短短的七天中，对教育和扶贫事业有了更深的体悟，深感不虚此行。"

沧海月明珠有泪，蓝田日暖玉生烟。一个班，一项"捡回珍珠计划"能得到社会各界的广泛关注，我想这不仅仅是"一个班"的事，而应该是整个教育关注的一个很重要的方面，因为任何一个地区或者任何一个学校都会有需要帮扶的学生，也因为教育能扶智、亦能扶志，不仅是学生的，这其中也包括我们教师本身。说实在的，清华大学经管学院同学在"炭火教授"赵家和"薄于身而厚于民，约于身而广于世"的慈善之举影响下来靖远一中支教，善莫大焉。

几位状元级的清华骄子留在靖远一中校园里的，不仅仅是一言一行，更多的是他（她）们身上所体现出来独特的精神气质和对善待、敬畏生命的至真情怀。我想也正是因为这个"第一次"，才有了今年学校第一个被清华大学录取文科生的"第一次"。也许有人说这是夸大其词，但我不这么认为，因为在我陪伴这些学生的日子里，那些清华学子留给同学们的记忆是他们常常谈论的话题。这也许就是梦想的力量，也许就是一个梦带着另一个梦远行，最终攀爬到了山顶的执着吧。

现在，"珍珠班"已经顺利兴办8期，已毕业5届，爱心人士无私的帮助历历在目，"珍珠之家"的故事，"大爱书屋"的馨香……太多的回忆，满溢的感情，对教育倾注感情，就是对生命的敬畏。

无尽的回忆，在乌兰山下这方热土的滋养中"零落成泥"，源于"捡回珍珠计划"的悠悠大爱继续在靖远大地上延伸，"珍珠班"这块善良的牌子将是"修德弘文"的赞美诗。也许这是我一厢情愿的"自恋"，我只能说：吃过生活的苦才懂得甘甜的滋味，走过悲惨的路才明白什么叫幸福，当灾难落在自家身上时才知道什么是雪中送炭的温暖。"珍珠班"和"珍珠班"以外的教育世界都需要一颗善良的、爱的本心，我坚信这种教育的信仰是没有错的。

教育是阻断贫穷代际传递最有效的手段，做教师就要有大爱大德大情怀，作为一名一线教师，牢记立德树人初心，不忘为党育人、为国育才的使命就是对人民、对祖国最忠实的致敬。

　　人心向善，寒门不寒。教育的价值和意义是一个人、一群人的坚守，不需要刻意装扮，只在乎默默地奉献。教师这个职业，是为人父母的事业，是民族复兴的基业，而不是锻造商品的产业，更不是投资买卖的商业。因为，我们面对的是一个个鲜活的生命，任何一个个体都需要师爱的平等和全面而有个性的教育。

　　情至深处，遍地芳华，尤其是在靖远一中的杖朝之年，不论是"特殊"还是"特别"，教育就应该是全员、全过程和全方位的。我总觉着"只要青春还在，我就不会悲哀，纵使黑夜吞噬了一切，太阳还可以重来"，教书育人，无问西东、但凭真心，教育的白天洒满阳光，教育的黑夜里也会有那一盏一盏的烛台在闪着光，从顶燃到底，一直都是光明的！

韩 鹏

HanPeng

韩鹏，中共党员，高级教师。2011年获全市"高一新课程优秀教学设计"一等奖。2012年获全市高中化学优质课竞赛一等奖。多次获得甘肃省化学奥林匹克竞赛决赛优秀指导教师一等奖；2018年被评为白银市中小学骨干教师。2019年荣获甘肃省"一师一优课、一课一名师"省级优质课二等奖；2022年被评为白银市"名班主任"。所带班级多次被评为县"先进班集体"

2016年高考，所带高三弘毅班有两名同学被清华、北大录取；2019年，所带高三弘毅班有一名同学被北京大学录取；2022年，所带高三弘理班有两名同学被清华、北大录取，其他同学全部被985院校录取。

风雨润桃李　黑白画春秋

化学组　韩鹏

　　著名教育实践家和教育理论家苏霍姆林斯基说：“做教师最快乐的事莫过于穷尽毕生之力，研究如何做一个最优秀、最受学生欢迎的教师。”16载的班主任生涯，我一直在探索，并力求实现这个目标。知是行之始，行是知之成。在反复摸索中，我逐渐找到了教育的真谛和班主任工作的“手杖”。

　　班主任，就是学生的“第二父母”。作为第二父母，我们首先要了解子女的情况。作为首届“弘毅班”班主任，面对这群成绩优异、能力突出的特殊群体，我必须打起百分之二百的精神，不仅要从学习上、生活上去关心他们，更要从心灵深处关爱他们。真诚是相互的，处在这个年龄段的孩子们内心世界相对单纯，人生观、世界观和价值观还处在形成阶段，只要真心和他们去交流，师生之间就会心照不宣，“生活、理想、未来、情感”都将成为永恒的话题。换一个角度去思考，其实这个过程不是我教导他们，而是他们教化了我，让我也更清楚地意识到，不管什么压力，只要我真心与学生（甚至说是朋友）共同努力奋斗，我相信一定会出奇制胜，取得令人满意的结果。

有句话说得好，社会是海洋，道德是灯塔，文明是风帆。在学校里，班主任与学生们朝夕相处，是同学们最亲近的人。作为一名人民教师，同时也是一名班主任，我有绝对的义务帮助我的学生们扣好人生的第一粒扣子，帮助他们树立正确的三观，学习明辨是非的能力，让他们在茫茫大海上能够朝着灯塔的方向稳健地航行。

班级是一个集体，我始终强调同学们要友好互助，和谐共处，收获珍贵的同窗情谊，让他们能够在融洽的集体生活中，认识到合作的重要性，独行快，众行远，合作才能共赢。好的学习伙伴，不仅能够互相提供帮助，还能够在良性竞争中互相督促。好的学习氛围也有助于学生们心无旁骛的认真学习，精益求精。

我也非常注重学生的身心健康，在学生面前既是严厉的老师，慈爱的长辈，又是平等的朋友。在察觉到学生因为学习任务繁重、成绩下降而压力重重时，我会及时开解他们，鼓励他们不懈进步，同时平常心看待每一次挫折，勇于面对和承担；我也鼓励同学们勇于表达内心的想法，有迷茫困惑的事情一定要告诉信任的老师、家长和朋友，共同解决问题；我也敦促他们多进行体育锻炼，我知道，强健的体魄、坚韧的意志，是他们未来步入社会非常重要的底牌。

陶行之先生说："要想学生好学，必须先生好学。唯有学而不厌的先生才能教出学而不厌的学生。"

记得毕业后初入行时的我，心怀忐忑，一直在琢磨如何能以简单、感兴趣的方式教授化学这门学科，让学生在学习的过程中不仅乐于接受知识，而且能激发学生主动学习的兴趣，这就成了我教学生涯中一直探寻和追求的课题。在教学经验的积累过程中，我逐渐认识到，要更好地传授知识，首先自己要融会贯通，搞清楚所有知识的来龙去脉，然后以高考为导向，以课堂为平台，找准内容和载体，在有限的课程里将教学效果最大化。于是我开始一遍一遍地研习、复盘课本和题集，再通过观看大量的优秀教学视频，把高中阶段化学学科的知识脉络进行了梳理，像建造大楼一样一层一层地构筑进入我的大脑，为我所用，从生疏到熟练，再到精通，最后去吸引学生的注意力和目光，力求引人入胜，做到厚积薄发，全方位地为学生答疑解惑。

时代在进步，教育也应该与时俱进。我在课堂上采取多媒体课件辅助教学，以此提高课堂效率，充分调动学生的学习积极性，激发学生学习化学的热情，帮助学生解决学习难点。发挥学生的主体作用，培养学生的创造性思维，促进个性特长的发展。

叶芝先生说："教育不是注满一桶水，而是点燃一把火。"每个孩子，都是一个火种，教师用知识与品格的柴禾守护着、壮大着这些火种，那么未来，便会有星星之火，燃烧在祖国的每寸土地，他们先是保全自己，后便可以再照亮他人。我想这就是教育的意义。

　　"路在人走，业在人创，幸福不会从天而降，教育事业的蓬勃等不来"，这是朴实而又深刻的哲理。我相信只要我们用毕生的经历参与到这项永恒的的事业中，只要我们有信念，有决心，我们就会迎来属于我们教育工作者的春天！

高俊卿

Gao JunQing

　　高俊卿，1956年生，甘肃靖远人。中学高级教师，大专学历。1978年毕业于靖远师范，1978年12月被分配到种田中学任语文教师，1986年毕业于定西教育学院，调入靖远一中从事历史教育教学工作。1989年中国文化书院中外文化比较研究班毕业。曾任靖远一中历史教研组组长，甘肃省历史教学专业委员会理事，兼任白银市史地学会副理事长。获白银市、靖远县中学骨干教师称号。靖远县"园丁奖"，优质课竞赛优秀奖、白银市高中历史竞赛二等奖，被评为"靖远县教学优秀教师"。编写《高中历史导学》《最新会考高考指导》《高中历史实用信息选集》等教学辅导书，在省级刊物发表论文4篇。

充分发挥班委会的团队作用

历史组　高俊卿

一、班委会是班级的灵魂

要带好一个班，让这个班的每位学生都发挥出自己的才能，全面健康地成长，首要的工作就是要着手组建一个契合度很好的班委会团队。班委会团队是一个班全面发展的灵魂，而班长则是这个团队的核心成员。那么，班主任的首要工作就是做好班委会人选的工作。在组建班委会团队前，班主任要对组成这个班的每个成员做一个全面细致的了解工作。在此基础上，班主任要在开学一周内提出班委会团队的组成人选，扶持他们逐步开展各自肩负的工作。在班委会成员工作一、两周后，根据各个成员实际工作情况，作以简单调整，使团队每位成员的个人才能与之肩负的工作担子达到最好的契合，使他们能够去舒心如意地工作，这样，每个团队成员的才能充分发挥后，这个团队的工作也就达到了最佳配合，他们就能带领这个班集体整体向前发展。这个基础打好了，这个班就有了灵魂，就有了前进的动力。

二、班主任是班委会的参谋

班主任是学校工作和班级工作的桥梁。学校一切工作就是要通过班主任落实到班级中去实施，那么，班主任就在学校与班级间起一个桥梁作用。班主任就要做好沟通作用，在沟通中，班主任要当好班委会这个团队的参谋。在落实学校工作中，如果班委会出现困难和有疑问时，班主任就要去帮助班委会解决问题，给他们出谋献策，使他们遇到的问题得到满意的解决。

三、放手支持班委会工作

这些工作理顺以后，班主任就要引导、放手让班委会团队开展工作。学校下达的各项工作，交由班委会去具体安排实施，班主任不干涉他们工作，放手让他们去工作，这个团队会带领整个班级很好地完成学校交给的工作。这样，这个班级就走上了正常发展的轨道。

在这个工作思路下，我所带班级多次获得优秀班集体、优秀团支部称号，这是对班委会工作最有力的肯定。班级中也涌现出了大批优秀人才，他们工作能力强，学习好，很多考上了名牌大学，走上领导岗位，在社会各方面都出现了优秀人才，代表学子有：

张铁军（北大）、刘志杰（清华）、任文彩、张维斌、吴胜平、苏立弘、苏俊峰、魏万君、张宏勇、马世宽、李瑞平、李瑞芳、肖学智、李建军、白雪、杨元哲、王复哲、马得琨。

最后我想说，我的班主任工作准则和信念就是：尊重和信任每位学子，开发他们的聪明才智。

王建华

Wang Jian Hua

　　王建华，九三学社社员，大学本科学历，中学高级教师。靖远县"骨干教师"，白银市"骨干教师"。1984年8月参加工作。多次获得县、校"优秀班主任"荣誉称号，在优质课竞赛中，获白银市生物优质课一等奖，甘肃省生物奥赛优秀辅导教师。发表省市级论文5篇。任职靖远县九三学社委员、副主委、主委，靖远县第九届政协常委，白银市第五届、第六届，靖远县第七、八、九、十届政协委员，并多次荣获"优秀提案先进个人"。

班主任管理经验感悟

生物组　王建华

　　对于班主任来说，班级管理工作是一切的重中之重。一个学校学风、校风的好坏与班级管理成功与否密切相关，作为班主任如何将班级管理工作做好，如何能使班级始终保持积极上进的态势，如何给学生营造一个温馨和谐的学习环境都是作为班主任首先要思考的问题。下面谈谈我做班主任时的一些做法：

一、培养良好的各种行为习惯

　　好习惯终身受益，这一点我们都知道。学生落实好养成教育是头等重要的大事。习惯范围很广：如文明守纪、勤奋学习、诚实守信、拾金不昧、尊老爱幼、正气正直、和谐相处、拼搏向上、宽容耐挫……那么，通过怎样的途径让学生养成良好的习惯并不断完善与深化呢？学生的行为习惯好与坏直接影响到一个班级的班风与学风。所以我从一年级开始就严抓班里的各种行为习惯，如学习习惯、写字习惯、出操习惯、课间习惯、课堂习惯、食堂习惯、午睡习惯等等。只有从培养学生习惯的各个维度抓起，让他们将各种良好的行为习惯培养好，才能让学生和老师都感到轻松。

二、培养良好的班风、学风建设

一个班级，总是由几十名学生组成的，要养成良好的班风、学风，首先要从班级文化入手。班级文化的内容包括班级物质文化、班级制度文化和班级精神文化。高雅、生动、形象的班级物质文化，对学生具有潜移默化的教育影响力和感染力；制度文化是物质文化和精神文化的保障；良好的班级精神文化是班级文化的灵魂。通过班级文化建设系列活动，树立勤奋、团结、求实、创新的班风，从而形成良好的学风，调动每一个学生的积极性和主动性。因此，要建立优秀班集体，达到整体优化的目的，作为班级管理的主导者班主任，必须要注重培养班里的班风与学风建设。因此，我经常教育学生全面发展，把自己的方方面面看作一个整体，把每一个小组看作一个整体，把班级看作一个整体，根据学生生理和心理的阶段特点，具体引导他们的发展。管理中，为了学生的长远发展，首先确立"三步一体"的总目标。所谓"三步"，即第一步，引导学生养成良好习惯，奠定良好的学习基础；第二步，防止两极分化，促使整体良好发展；第三步，全面整合，提高学生能力。"一体"即学生在思想道德、知识水平、能力发展诸方面的综合发展。在总目标的引领下，根据学生各阶段的不同特点，落实德育、智育、能力等各项目标，以及教师的言传身教，使学生在潜移默化中受到熏陶与感染，并形成积极的道德情感，从而将道德认识内化、升华为道德信念和道德理想。只有做到班风、学风完善，才能营造出一个温馨和谐的学习环境

三、建设一支精练有热情有组织能力有威信的班干部队伍

在班干部的任用上，本着个人自愿、同学推选、老师把关的原则，把工作能力强、威信高的优秀学生选上来，为同学服务。从开学起就入手做这事，对班干部严格要求，从而提高班干部的威信，给班干部以"自主权"，放心让他们去做工作。让其他学生有了目标，明确各种工作的职责与管理方法。其次，坚持实行岗位轮换制度，每一个责任岗位由1人负责，人人上岗，每轮任期一月，期满后可以自己推荐上任，也可以由班级同学或小组同学推荐，经过推荐后再任命，使更多学生有了参与班级管理的机会，从而使学生学习和体会多种角色、在不同的岗位上得到多方面的锻炼，增加班级的凝聚力和学生的管理能力，增强学生承受变化、挫折的能力和自信心。

从以上几点出发，我始终认为，我之前所做的一切都是有效果的。教育很重要的前提就是爱心，只有在爱的基础上，教师才会投入他的全部力量，才会把他的青春、智慧，无怨无悔地献给孩子们，献给教育事业。陶行之先生曾言："你的教鞭下有瓦特；你的冷眼里有牛顿；你的讥笑里有爱迪生。"我经常以此为镜，反思自己的工作，激励自己努力创造成功的教育。绚烂源于寂寞，执着融化春风。我深信：成功的教育应该像无影灯一样，不留半点阴影。我也懂得班级管理艺无止境，学海无涯。

陈怀忠

ChenHuaiZhong

　　陈怀忠，中学高级教师。2003年，2006年，2008年，2010年获靖远县"优秀班主任"，2020年获白银市"优秀班主任"。

　　2011年至2014年所带英才二班，在2014年高考中全班二本上线，创造了靖远一中历史上第一个全班同学全圆大学梦的奇迹。

　　2017至2020年的最后一届学生中，实行值日班长制，每天值日班长都要做一个以锻炼自己教育大家为主题的值日演讲，将演讲内容收集整理成册，印发给每一位同学，命名为《花开的声音》，以此来记录了他们的成长过程。

花开有声　用心倾听

物理组　陈怀忠

花开是有声音的，只要你用心去倾听！

最初，让学生们写《班级日志》，设置值日班长，进行以"教育大家，锻炼自己"为主题的值日演讲是从班级管理的角度考虑的，想充分发挥每个学生的作用，希望每个学生都能为班级的管理尽一份力，让每个学生都能成为班级的管理者，从而培养学生的主人翁意识；让每个学生都拥有参与班级管理的机会，以此培养学生的参与意识。

后来，惊喜地发现，孩子们的表现远远超出了我的初衷。不知从何时起，做值日班长成了学生们学习生活中的一件重要的事情，值日班长时时心系班级点滴，精神格外饱满；不知从哪一天开始，能够在《班级日志》上留下一笔，成了一件让学生们十分快乐的事情，不同的笔迹中传递着学生们成长的色彩，这里释放着学生们青春的气息、张扬的个性、灿烂的笑容；不知从哪一天开始，每晚的五分钟演讲，成了同学们最期待的时刻，那一刻有欢笑、有泪水、有进步、有反思、有激励、有抚慰……

日月更替，青春永驻，校园四处花开无限。"弘毅一班"的花儿也在绽放，他们的绽放是静悄悄的，但也是蓬勃、有声的，让我们用心去倾听吧！那是世界上最美妙的旋律，那是"弘毅"在此感谢"弘毅一班"的孩子们，是你们用心灵保存了成长的美好，用成长镌刻了无悔的青春。感谢各位任课老师，是你们用无私的爱浇灌了这些可爱的花朵；感谢各位家长朋友们，是你们在工作之余把孩子们的日志输入电脑保存。在此，特别感谢陈晓晖妈妈、刘园园妈妈，是你们俩负责记录着孩子们成长的足迹；感谢班长刘家斌、田多恩、安宗齐、杨世贸、刘园园、宋建蓉、王毅扬、张昊等同学完成了核对和校正。最后，非常感谢何嘉琦的爸爸帮助我们完成了最终的印刷，让我们的回忆能够永伴一生。

心怀感动，难免词不达意，敬请批评指正。

篇三

自我效能理论

SHIYAN

自我效能感作为个体对自己与环境发生相互作用的效验的主体自我判断，不是凭空作出的，而要以一定的经验或信息为依据。在社会学习理论看来，人与环境的互动过程及其结果，向个体显现着大量不同性质的信息。活动及其结果对主体所具有的信息价值可以通过不同的方式表现出来。就自我效能信息而言，其呈现的不同方式构成了个体形成自我效能感的不同途径。

第一，成败经验，即个体对自己实际活动的成就水平的感知。它是个体获得自我效能感的最基本、最重要的途径，并构成个体对在其它信息基础上形成的自我效能感加以检验的手段，因为它以确证的方式显现了个体驾驭环境事件的能力。

第二，替代经验，即对能力等人格特征与自己相似的他人的活动及其成就水平的观察。它使观察者相信，当自己处于类似的活动情境时也能获得同样的成就水平。

第三，言语劝导，即接受别人认为自己具有执行某一任务的能力的语言，鼓励和相信自己的效能。言语劝导信息的效能价值取决于它是否切合实际：现实化的言语劝导因能够激发个体的动机水平而使之易于成功，从而使他在这种信息基础上形成的自我效能感得到实现；但不切实际的言语劝导很难在活动中得到实现，从而不仅使劝导者失去威信，还会反过来挫败个体的自我效能感。

第四，情绪反应，即个体在面临某项活动任务时的心理反应：平静的反应使人镇定、自信；焦虑不安则使人对自己的能力发生怀疑。

陈志刚

ChenZhiGang

陈志刚，中学一级教师，2006年毕业于西北师范大学，同年进入靖远三中任教，2018年起任职于靖远一中。16年以来所带班级一直获得校级优秀，获得四次县级优秀、一次市级优秀。在省级刊物发表论文6篇，主持完成省级课题一项，多次被评为"优秀教师"，辅导学生多次获得省级奥林匹克竞赛一等奖。

格言：想象力比知识重要，因为知识是有限的，而想象力概括着世界的一切，推动着进步，且是知识进化的源泉。

不一样，不一样

化学组　陈志刚

　　"陈老师，您好，我是XXX的妈妈，我在你们学校门口，麻烦您下晚自习的时候见一下我，我有急事要找您。""收到，待会见。"

　　下晚自习前两分钟，我出教室到了校门口。两位家长看见我，拉着我的手说："陈老师，感谢你，太感谢你了，你救了我们家的孩子。上学期都放弃了直接不学了，这学期主动性强了，都说要考中国政法了，我说考上中国政法大学，当妈的就高兴死了。"但我说："当老师的都一样，一切都为了孩子的将来和各个家庭的幸福，我们都努力地工作着。""陈老师，不一样不一样，说真的不一样，说真的作为家长的我做不到你做到的，感谢你对孩子的鼓励与关心，关键是开始学习了。"说真的，作为老师的我，多年以来我听过好多好听的话，但今夜的话彻底让躺在床上的我久久不能平静，难以入眠。回想这16年来的班主任生涯，我总结了以下几点，和大家分享：

一、以身作则，严格要求自己

在学生面前一直传递正能量，决不把家庭和生活中的不愉快带入到学生之中，要求学生做到早、中、晚按时到校，不迟到。作为班主任的我，总是在教室门口，寒来暑往，迎来送去，关注着每一个学生的变化，迎接着每一个学生的到来，时刻记着每一个孩子就是一个家庭，关系着家庭的幸福。每个清晨等待他们的琅琅读书声和悦耳的背单词声，见证着每一位学生的成功与喜悦。

二、严父慈母，关注学生眼神

作为班主任，时刻要关注学生的情绪变化与心理变化，这些关系着学生的学习状态。前些年关注学生上网吧、打架、谈恋爱。这些年则主要关注学生熬夜看手机，不学无术，玩物丧志。早晨，学生们到校，作为班主任的我要和他们每一位进行眼神交流，以便观察学生的思想动态和晚上的休息情况。心理学上讲，敢于坦荡跟对方对视，而且不会觉得害羞、拘谨的人，内心一定是光明坦荡的。相反，那些不敢光明正大跟你对视，在对上你眼神的那一刻就会下意识的回避的人，就是心虚。你就能知道学生昨天晚上的状态如何，及时调整今天的工作内容和方法，及时和家长沟通学生昨天晚上的睡觉状态，并且严格要求学生。作为班主任，我对学生犯错误一定会严肃批评教育，有时候在别人看来是小题大做，但是我只想让他不要再犯第二次。谈话、约家长、写检查、罚站、搞卫生、交流等等手段，目的只有一个，就是让他进步快点。有时候我也觉得是不是太严了，对有些孩子我们要张扬地鼓励，像慈母一样去关心他的成长，比如像单亲、家庭离异的孩子一定要多一份慈母般的关怀，在课堂上要多鼓励发言排除自卑感。有时候我会开玩笑的对一个姓名带慧字的学生说，这个题让"慧姐"看看或者交流一下，以增加学生的亲切感，增强学生的自信心。

三、勤学苦钻

活到老，学到老。在工作中不断跟经验丰富的老师交流或者去请教一些事情的处理方法，并加以创新，跟进现代学生的教育理念和方式，紧跟时代的步伐，为国育出更优秀的人才。作为班主任，每一天，在课堂时刻紧盯学生的变化，不管自己的课还是其他老师的课，我总是在教室外面或者教室里面观察学生上课的状态，提醒着一些同学以行动告诉他们认真听讲，别走神。晚自习后总是找时间在宿舍和学生交流，交流学生的困难，分享学生的学习进步与快乐，交流学习方法，鼓励学生认真学习，树立远大的理想与抱负。总之，勤下班、勤观察、勤谈话、勤蹲点、勤陪读。

四、平等相待，用心教育

现在的学生和以前不一样，以前教师的威严就能解决一切问题。现在不一样了，宁可退学不愿交代错误的学生大有人在，哥们儿义气突出。首先，平等对待学生就要像尊重自己一样尊重学生，这样学生才可能和你认真去交流，才有可能敞开心扉和你去谈心。作为班主任，教育学生一定要细心、要有爱心、要有耐心、要有恒心。最主要的是要细心，细心观察学生的一举一动，察言观色，明察秋毫。爱心关注每一位学生的成长，让学生感受到你是爱他的。耐心，顾名思义就是教育的过程是漫长的，对待问题严重和缺点根深蒂固的学生，要分批次一点一点地教育，不图进步多少，只图改变一点。恒心，对于感觉有问题的学生一定要坚持不懈地去观察交流走访，直到弄清原因，找到解决的方案帮助其成长。学生毕竟是孩子，教育最高级的方式其实就是师生互换位置、用心交流、俯下身子、放下面子进行心灵的交流与教育。这样的教育是最有成效的，这也就是有人说的走心教育。

五、励志教育，常抓不懈

励志教育是加强和改进中学生思想素质的核心，是大众教育下精英人才培养的关键，所以要不放弃任何一个可以利用的机会。不管时间的长短，只要有积极向上的意义就讲给学生听，并认真分析，让学生理解其中的内涵。例如3月8日的妇女节演讲比赛、清明节祭扫、护士节等，也可以讲讲7月1日建党节、8月1

日建军节、国庆节、重阳节等，以及电影《垫底辣妹》《无问东西》《幸福来敲门》等等，激发学生的好学精神和求知欲望。要利用每一个可利用的时间与事件常抓不懈，树立学生正确的价值观。

六、树立信心，超越自我

关于树立自信心，我采取的办法是近朱者赤，近墨者黑，自我心理暗示，不断对自己进行正面心理强化，避免对自己进行负面强化。给自信心不足的人一些容易完成的、容易回答的问题让他去做，做好了进行夸张的表扬与鼓励，长此以往就能树立学生的自信心。

总之，教育是一辈子的事情，我的梦想一直不会变，与时俱进当好一位教师，奉献绵薄之力，以己涓涓细流，汇入中国教育发展的汪洋大海。有时候梦想存在的价值并不在于它能否实现，而在于追逐的过程。有梦想的人生是幸福的，有梦想的人生是充满希望的。高远的梦想可以激发一个人所有的潜能，会让我们摆脱平庸和低俗，克服人性的弱点，走向优秀和杰出。

让我们用梦想点亮学生的成功吧！

刘尚河

LiuShangHe

　　刘尚河，高级教师。*1991年8月毕业于西北师范大学后*，供职于靖远一中，从事教育教学工作至今。甘肃省青年教学能手，甘肃省骨干教师，白银市名教师。从事班主任工作25年，获白银市思想政治工作先进工作者。多次在市、县生物优质课竞赛中获奖，三次聘为市优质课竞赛评委。辅导生物竞赛学生多次获奖。发表省级论文三篇，主持市级课题两项。

　　格言：同力协契、行成于思、躬身实践、志存高远

用爱去管理——班主任工作心得

生物组　刘尚河

　　班主任是班级的主要管理者，要管理好一个班级则需要班主任做大量深入细致的工作，而且还要不断学习别人的先进经验。一个良好的班集体对每个学生的健康发展起着巨大的教育作用。

一、创设平等和谐的同学关系

　　一个良好的班级氛围可以对学生的学习和成长有着很大的帮助。在所有的班风中我觉得平等和谐最重要。要让学生觉得自己是班集体中的一员，热爱这个班集体，就必须让孩子觉得无论成绩好坏，自己跟别人一样都是平等的，都一样受到老师同样多的关注和爱护。除了班主任对所有的同学平等对待外，我还取消建立班干部选任制度，用值日生管理班级，每人轮着来做班长。值日班长除了要做值日生的工作外，还兼顾管理班级纪律的工作。在第二天向全班报告前一天班级的纪律和学习情况。这样每个学生都得到了锻炼的机会。同时对纪律差一点的学生也起到很好的约束作用。一个学期结束后根据学生值日的表现由全班推选出优秀班干部文明之星。这可消除班干部因为害怕被学生孤立而不敢管的局面，还可以锻炼每个学生的胆量，使学生感到只要我努力了，同样也可以做得好。

二、创设师生沟通的良好氛围

通过相互间的沟通，师生得以意见交流、才可以联络感情、化解误会、团结班级中的力量，进而使学生在愉快的气氛中发挥潜能，达到最好的学习效果。但在沟通中，我认为教师应该注意以下几点：

1. 沟通，但要与学生保持适当的距离。

如果和学生的关系过于要好，称兄道弟或姐妹情深，那么自己的威信和地位在学生中就会下降。因为总是有些学生会利用自己与老师的关系去谋点小利，或者有些学生会仗自己与老师较好的关系去钻一些纪律的空子，等你批评他的时候，他嬉皮笑脸地就过去了。长此以往，势必导致自己的威信下降。所以，在课余时间要多去接触学生，要在真正做到关心、关爱、尊重每一位学生的基础上，与学生保持距离，引导他们懂得生活、懂得珍惜、懂得尊重，在自我体验中长大。

2. 让学生养成写日记的习惯，自己认真阅读、认真批改。

很多学生会把自己的心事，对学校、对班级和对同学的一些看法和建议，甚至是对社会热点的看法写在周记本上，是老师了解学生思想、了解班级动态的最好方式。自己在批改周记的时候，也应当真诚地与学生交流，特别是在学生有思想上的困惑、学习上的困难的时候，要及时帮助学生，让他们知道这些困难有老师来跟他们共同分担，而且要多给予他们鼓励，多抓住"闪光点"来表扬他们，帮助他们树立自尊自信。

三、建立班级激励机制

素质教育要求教育者关注学生的全面成长。表扬和鼓励是激励教育的重要内容。实践证明，表扬和鼓励可以帮助学生重新认识自我，点燃他们努力奋进的星星之火，鼓足他们放飞希望的勇气。我的具体做法是：

1. 设立奖项，实行全方位鼓励。每学期设立各种奖项，对不同层次、不同学生给予全面评价和鼓励。调动每一位学生的上进心，推出优秀，树立榜样，找出差距，不断改进。

2. 定期评奖，采取不同形式给以鼓励。例如：表扬信，奖励学习用品。

四、批评学生要注意因人而异

我们的学生再调皮也会有一些闪光之处。关键是看我们班主任如何去正确地发掘。有些学生是吃硬不吃软的，那当他犯错误的时候，可以直接把他们的问题指出来，并强调其严重性，若有必要可以给一些处分。而更多的学生需要的是沟通，让其明白所犯错误的严重性。以前，我碰到班级里有学生打架、吵闹，甚至和任课老师对着干的时候，总是当着全班同学的面把他们狠狠地批评一通，脸上的表情也很严肃。过后，表面上看他们好像接受了这样的批评，但从平时的表现来看，明显地和我之间变得生疏了。后来，我就利用课余时间把这些学生重新找来，好好地沟通一下，了解了他们心里的真正想法。他们说，自己也知道是做得不对，但当众批评就会觉得很没面子，自然就产生抵触情绪。所以，以后再批评学生的时候我尽量能从他们的立场先想一下，然后个别交流，指出其不足。

以上就是我在班主任工作中总结的一些心得。古语曰："他山之石，可以攻玉。"作为班主任难免都会碰到一些"坚硬的石头"，但是如何把他们雕刻成能绽放异彩的玉，这需要"匠师们"的精心雕琢。所以，我将继续着，努力着，把班主任工作做得更完美。

石福禄

ShiFuLu

石福禄，1970年生，甘肃靖远人，1993年8月参加工作，本科学历，高级教师。1993年7月毕业于天水师范高等专科学校数学教育专业，1997年7月毕业于西北师范大学政治教育专业。1997年8月在靖远县第一中学任教至今。白银市县"骨干教师"，市县"优秀教师"及"园丁奖"获得者，发表省级论文多篇，辅导多名学生获得省级、国家级奖励。在担任班主任工作三十年中，所带班级曾多次被评为市县先进班集体，多次被评为市县"优秀班主任""师德师风标兵""创先争优先进工作者"。

格言：教育学生，从爱出发，教师对学生的爱是一种带有严格要求的爱。

施之以严，用之以爱

——班主任工作杂谈

数学组　石福禄

前苏联教育家赞科夫曾说："不能把教师对学生的爱，仅仅设想为用慈祥的关注的态度对待他们，应当同合理的严格要求相结合。"教师对学生的关爱，必须包括严格要求学生，严格要求与温暖关怀共促学生健康成长。

对学生严格要求，严加管教，能使师生之间有一定的距离，维护教师尊严。因此，在班主任工作中，要做到"施之以严，用之以爱"，方能有效地培养学生良好的思想品质、行为习惯。同时在班级管理中，要坚持"管而不死，活而不乱"的原则。无论"宽"与"严"都应以教育好每个学生为目的。惩罚只是一种教育手段而不是目的。"严"是责任，对学生严格要求可以使其认识和改正错误；"宽"是智慧，也是爱，对学生宽容能给其改正错误的机会。所以，在班主任工作中，对学生"施之以严，用之以爱"，宽严相济才能有良好的教育效果。

一、施之以严

严，即班主任要严格要求，严格管理，不放松，不迁就。俗话说："严师出高徒"，作为班主任既要在思想、学习、行为规范上严格要求学生，对学生的行为需严谨规范，特别是处理违纪的学生还是要严，决不迁就姑息，不了了之，不从严处理，不足以正班风。但在处理违纪的学生时，不要采取简单粗暴的方法，要灵活采用多种方法，使其认识错误，认清危害。学生毕竟是孩子，再优秀不可能没有缺点、不犯错误。因此，要对他们严格要求。从一开始就让他们清楚且遵守校规班纪，谁都不能例外。当然，"严"并非苛刻、死板、固执己见，而要从学生的根本利益出发，对学生的不良思想和行为倾向进行正确、严格的教育和引导。

"严"要把握一定的尺度。严格管理是做好班主任工作的基础，把握好"严"的分寸，结合不同工作场合，注意工作方法，因时施"严"，因事施"严"，"严"而有度，又是班主任搞好班级管理的技巧，班主任作为学生最直接的领导者，在学生的教育中起着至关重要的作用。班主任在与学生共同学习、生活的过程中，既是严师，又是慈母；既要铁面无私，又要亲切关怀。

"没有规矩不成方圆"，没有严格的学校教育和道德修养，就不能培养出一大批高素质的合格人才。严格要求学生，把握学生人生发展的正确方向，是班主任义不容辞的责任。所以班主任首先要严格要求学生，使他们养成良好的习惯。这里的"严"，是对学生提出目标要求，一定要坚定不移贯彻到底；对学生违反纪律的行为要坚决纠正，直至彻底改正；对学生不良习惯的纠正一定要常抓不放，坚持不懈；对学生学习要求一定要严谨认真，一丝不苟；对班级日常问题、师生关系处理要严肃宽容；对学生个性培养要持之以恒。

二、用之有爱

对学生的爱，是指关心学生的思想、学习、生活和身体状况等，而不是无纪律、无原则地溺爱和纵容。作为班主任，最主要的是有一颗爱心，没有爱的教育是不成功的教育。教育教学的整个奥秘就在于热爱学生。"谁爱孩子，孩子就爱谁，只有爱孩子的人才能教育好孩子"。即只有"亲其师"，才能"信其道"。教师的爱是塑造学生灵魂的伟大力量。老师把炽热的爱洒给学生，就会激发学生"知恩图报"，从而乐于接受老师的教诲。关爱学生，具体地说，就是尊重、理解、欣赏、信任学生。班主任如果能尊重学生人格，理解其追求，欣赏其亮点，激励其进步，信任其言行，能让学生有如沐春风的感受，那教师就有了威信。因此，班主任要站在学生立场上考虑问题，真正做到"一切为了学生，为了学生的一切"。真诚地对待学生，随时随地奉献给学生们的是老师一颗真诚的心。真真切切爱学生，真挚地感动学生，真知灼见地教育学生，教育定能喜获丰收果。

每个学生的个性差异与价值取向的多样性是存在的。作为教师要同情那些缺少天赋，在生理上有某些缺陷的，或者学习困难的、爱犯错误的学生。不能硬性规定，不能要求全班整齐划一，要相信："没有坏学生，只有不成熟的学生"，要用爱心去唤醒学生的上进心、自信心和自尊心，帮助他们清除自卑感，排除他们的烦恼和悲伤，用热情和温暖鼓励学生充满信心地学习。欣赏他们，就像欣赏大自然中各种各样、五颜六色的鲜花，努力做到"有爱无类"，让每个学生都从班主任那里得到温暖，都能"抬起头来走路"。

教师发自内心去爱护和尊重学生的人格、个性和自尊心，是爱学生的前提。设身处地去体谅学生的言行，放低身段来理解学生的心理，赏识他们，激励他们，尊重他们，关爱他们的成长轨迹中的每个细节，才能让学生拥有自信，走向成功。

二十多年来，我通过实践和探索在班级管理上积累了一些经验，取得了一定的成绩，但时势在变，教育在变，学生在变，作为班主任一定要不断学习新的教育理念，掌握当前社会中最先进的元素，与时俱进，永远走在时代的前面。中学班主任工作的内容是复杂的，任务更是繁重的。但是，只要我们真诚地捧着一颗"爱心"，是完全能够干得非常出色且游刃有余的。

宋秉龙

SongBinglong

　　宋秉龙，1979年生，甘肃靖远人，本科学历，中学高级教师，2002年6月毕业于兰州师范高等专科学校数学教育专业。2002年8月参加工作，2002年8月至今在甘肃省靖远县第一中学任教。

班主任工作十忌

数学组　宋秉龙

我自2002年8月至今一直在甘肃省靖远县第一中学任教，工作以来担任班主任工作13年，我将担任班主任工作以来的一些见解总结如下：

一、忌重"言传"，轻"身教"

班主任对学生的教育方式，概括起来就是"言传"与"身教"两种。从某种意义上说，"身教重于言传"。学生的模仿能力强，班主任的一举一动都会对学生产生潜移默化的影响。如果班主任不重视"身教"，即使讲的都是正确的，讲得再多也会变成空洞的说教，失去教育力量，甚至会使学生感到教师口是心非，其结果必然适得其反。

二、忌不信任学生

班主任信任学生，就是相信学生都有一颗诚实的心灵。班主任在态度上表现出来的信任是教育学生的源泉，是激发学生上进的巨大精神力量，有助于他们克服缺点，进行自我教育。

三、忌情绪波动

班主任也像常人一样有自己的喜怒哀乐，但当你作为教育工作者，在面对学生时，就不能把生活中的消极情绪带入教室；处理突发事件时，千万不能感情冲动，更不能诉诸武力。否则，不仅会加深师生之间的隔阂，伤害学生的情感，而且有损于教师的文明形象。

四、忌"告状"

中学生辨别是非和自我约束的能力较差，犯错误是难免的。班主任要及时帮助教育，切不可轻易"告状"。否则，就会挫伤孩子的自尊心和上进心，甚至产生逆反心理。

五、忌停课训学生

班主任既是班级的直接管理者，又是教学工作的承担者。班主任应正确处理管理与教学的关系。当二者出现矛盾时，切不可因为批评学生而耽误了正常的教学，否则会引起学生不满，失去教育的意义，同时又影响了教学进度，这是得不偿失的。

六、忌翻"老账"

中学生在成长过程中重复犯错误是难免的。当学生犯"老毛病"时，班主任应尊重学生的自尊心，摒弃"前嫌"。不要揭伤疤，"老账""新账"一起算，使学生背"包袱"，要让每一个学生抬起头来走路。

七、忌不修边幅

班主任的仪表直接影响着教育效果。因为当今学生对"美"有着更高的追求和要求。有不少学生由于厌师导致厌学，所以，作为新时代的班主任，其穿着打扮应当符合时代精神和自己的职业特点，要适合教育对象的审美情感，要像对待教学设计那样，设计"润色"自己的仪表，有意识地给学生留下美好的印象。

八、忌说反话

中学生天真无邪，"向师性"又很强，班主任的话就像"圣旨"，在孩子们的心目中享有特殊的地位。所以班主任在使用教育语言时，应尽量用正面语言，不讲反话，否则他们会误解老师的话，导致教育教学的失败。

九、忌不能一视同仁

班主任必须热爱和关心每一个学生。无论是好生、差生、干部子弟、工农子女都要平等地对待。尤其对于后进生更不能嫌弃和歧视，切不可因为教育态度和方法的不当而扼杀了学生的天性。

十、忌以"权"谋私

班主任利用工作之便让家长办私事似乎是件小事，但它有损于班主任在学生心目中的形象，同时对教育学生会带来不利影响。

魏　涛

WeiTao

魏涛，1982年生，甘肃靖远人，靖远县骨干教师，2007年毕业于西北师范大学数学与应用数学专业，长期担任高中数学教育教学及班主任工作，曾多次获县优质课竞赛奖项，发表省市级论文多篇，所带班级多次获得县、校级领导的嘉奖。

教育格言：爱是教育的"底色"

爱是教育的"底色"

数学组　魏　涛

　　班主任工作是一项非常辛苦和琐碎的工作，班主任不但要教好所任教的学科，还要培养一个健康向上的班集体，使每个学生德、智、体、美、劳等方面都得到充分发展，形成良好的个性品质。没有艰辛的劳动和辛苦的汗水是不会收获的。

一、爱是教育的"底色"

　　"没有爱就没有教育"。在平时的教育过程中，我要求自己以一颗仁爱之心平等地对待每一位学生，能够站在学生的角度，去体会他们的内心感受，走进他们的情感世界。爱心的表现形式往往是通过具体的小事反映出来。例如每天早晨走进教室，我先检查学生有没有到齐；遇到天冷或天热的时候，提醒同学们增减衣服；每天叮嘱学生，上下学路上注意安全……学生感受到老师对他的关心和爱护，就会体会到老师很在意每一位学生，他们就会有一个好心情投入到一天的学习中去。这些事看起来很平常，但这是作为一个班主任最基本的工作，其实这也正是一个班主任爱心的具体体现。

作为班主任，除了关心学生的生活，还要关心学生的学习、身心的健康和思想状况，在精神上给予他们鼓励和支持。我不断与他们谈心，鼓励开导他们，这样既掌握了他们的心理活动，又消除了他们的精神压力，还取得了他们的信任。在学习上不偏袒、不歧视、不放弃任何一名学生。尊重学生的人格，做到严中有爱，严中有章，严中有信，严中有度。及时地把握学生的思想动态，找准谈话时机，作好学生的思想工作。

二、为人师表，率先垂范，对学生进行思想品德教育

班主任是全班学生的组织者、教育者和指导者，对创建良好的班集体，提高学生素质，陶冶学生的情操，培养全面发展的人才，具有举足轻重的地位和作用。班主任和学生接触的时间长，在学生面前是一面镜子、一本书。因此规范学生的行为，首先要规范自己的行为开始，在工作中要求学生做到的，自己首先做到，尊重每一个学生的人格。我对学生说，我最关心你们的是三个方面：一是每个学生都要注意安全，不注意安全其他的都是空谈；二是品行端正。俗话说，"海宽不如心宽，地厚不如德厚"，一个人，要成才，必须先成人，你的学问再大，如果没有德，也就是缺德，那他也不可能成为对社会有用的人，所以我们要多做积德的事，不做缺德的事。要明白什么事能做，什么事不

能做，要提高明辨是非的能力。三是学习要认真，父母挣钱不容易，把你们培养长大更不容易，父母在培养你们成才的道路上不但花费了钱财，更倾注了他们的心血，你们要懂得感恩，用优异的成绩来回报父母。

三、完善班级管理

班主任必须善于组织和管理学生。作为班主任，要做的工作多而繁杂。例如每天督促学生打扫卫生，每天带领学生大扫除，早上提前到校，检查家庭作业，组织早读等。上早操，做眼保健操，各种集体活动等，班主任都得到场。每学期工作计划，期末总结，每周班会，平时不定期的班干会，学生会，布置教室，出黑板报，主题班会，班主任手册的填写，加上每天发生的偶发事件，家庭访问等琐事，耗费的时间无法计算。那么怎样才能比较轻松而又出色地做好班主任工作呢？作为班主任必须具有一定的组织管理学生的能力，要注意培养班级的骨干力量，让学生自己管理自己。这样不仅班主任轻松，而且可以培养班干部的组织能力。现在我班的一般事情都由值日班长负责，但各项具体工作分工到各个班委。早操由体育委员负责，学习上由学习委员和各科代表负责。当然班主任要随时随地做检查指导，大扫除任务分工到人，张贴上墙，劳动委员负责检查，哪里不干净，找到当事人立即"补课"。大扫除后及时总结，表扬先进，指出不足。要想干大事，必须从小事做起，一件小事中往往能看到一个人思想深处的东西。我要求他们要踏踏实实地做好每一件小事，不能浮躁。渐渐地，良好的班风已经形成。

四、善于挖掘学生身上的闪光点

人人都喜欢被表扬。优等生需要表扬，学困生更需要表扬。其实学困生身上也存在着许多优点，需要我们去发现、去挖掘。作为班主任，要善于发现他们身上的闪光点，要善于给他们以信任，引导他们有意识地去发扬优点，克服缺点，扬长避短，从而向好的方面发展。我班陈家豪、王杰学习不是很好，可劳动非常积极。每次学校大扫除他们拖地、擦门窗、排桌椅，忙得满头大汗，还不停地问："老师，还有什么事要干？"我乘机对他们说："老师特别喜欢你们现在的表现，如果你们在学习上再下点功夫，就会成为一名品学兼优的好学生，到那时，同学们都会对你刮目相看的，老师和父母也就更加开心了。"他们听了我的话也比较高兴，接下来我有时找他们到办公室做题，有时让学习委员安排同学帮他们辅导作业，渐渐地他们有了改变。张浩同学以前作业写得很不认真，甚至不做作业，现在进步了，字迹也清楚了许多，上课守纪律了，作业也做得非常快。我对他的每一点进步都及时地给予表扬，他学习的积极性有了较大提高，尽管他的理解能力不强，但是学习态度有了较大转变。因此，我们班主任不要吝啬对学生的表扬，要多激励学生。其实，有时候，我也会当着全班同学的面发火，但事后想一想，自己当着全班同学的面发火样子是不是很难看，是不是有损于教师的形象，如果能通过其他方式教育学生，为什么要发火，训斥学生呢？这样既伤身体，又使班级氛围很压抑。其实学生有着不同的教育基础，来自不同的家庭，智力水平不一样，因而学生的发展是多层面的，只要他们在原有的基础上有所进步就可以了。我想，所谓"蹲下来看学生"，大概就是换一个角度看学生吧。不能用同一个模式去要求学生，学生的发展是多方面的，多考虑学生自身的特点，因材施教。

五、要有一颗平常心，要会自得其乐

做一名班主任不容易，做一名优秀班主任更不容易。有人可能会抱怨班主任工作的辛苦，也正因为如此，有很多人都不愿意当班主任，我认为你现在如果是班主任，就不要抱怨，要有一颗平常心，要从苦中寻求快乐。我们要快乐地工作，快乐地生活，凡事要换一种角度着想，合理排解自身的消极情绪，要学会自得其乐，以良好的情绪感染学生，使自己的教育教学收到较好的效果。

总之，班主任工作是一项复杂的工作，你只有从点滴做起，从小事做起，因势利导，做到"润物细无声"，给学生更多的人文关怀，才能把工作做到学生的心里去。

张 千

ZhangQian

张千，1962年生，本科学历，数学教育专业，1981年参加工作，从事教育工作42年，中学高级教师，曾任教于通渭县马营乡华川学校，通渭一中，靖远一中，靖远三中等，担任班主任工作三十多年，曾兼任靖远一中党总支委员、数体信后党支部书记、教导处副主任、办公室主任，靖远三中工会主席、党总支委员等。曾获得省、市、县"骨干教师"，白银市"青年教学能手"，靖远县"学科带头人"等称号，两次获得靖远县优秀教师"园丁奖"。

杏坛生涯四十载　别样收获一腔情

数学组　张千

　　我是1981年8月参加工作的，整整41年教育教学工作中，我把满腔的热血奉献给了党的教育事业，把勤劳和智慧融入到了这小小的三尺讲台，把满满的爱心投入到自己热爱的教育事业。担任高中班主任时所带班级一直班风正、学风浓，各项活动在全年级一直名列前茅，2004年、2005年的高考中更是取得了不凡的成绩，创造了靖远一中补习班的辉煌，得到了社会、学校及学生们的一致好评。现在，我就班主任工作谈一些自己粗浅的体会：

一、严爱结合、张弛有度

　　教育是爱的事业，这种爱高于母爱，大于友爱，胜于情爱，是严与爱的结合，是理智科学的爱，是积极主动的爱，这种爱是教育的桥梁，是教育的推动者，是后进转化的催化剂。只要心中有爱，就会创造奇迹。爱，是取得信任的方式，深入细致的了解学生，真心实意地关心学生，充分尊重信任学生；爱，是管理教育学生的基础；学生会意识到班主任是真心爱护他们，关心他们，替他们操心，在这个过程中无论是尽心的帮助，还是严肃的批评，甚至斥责，学生都会乐意接受。亲其师，信其道。相反，没有取得信任，即使你的教育目标正确，教育的方法科学，也未必能达到期望的效果；爱，是一种伟大的感情，是教育永恒的主题，它会创造奇迹；在管理班级琐碎烦冗的工作中我深深体会到：只有给学生的爱是发自内心的，才会让学生感受到爱，体会到被爱之乐，他们才会学着去爱别人。

严中有爱，严而有度。严格要求学生，助其纠正不良习惯。不严格要求学生放任自流是对学生的不负责任，教师要正视学生的缺点，严格要求、严格管理。不能光爱却不严，造成师生关系表面上看像朋友一样极其融洽，实际上则丢掉了班主任最基本的尊严。所以，在班主任管理工作中要做到爱中严，严中爱，严爱结合，张弛有度。

二、率先垂范、言传身教

教师是学生心目中的偶像，教师的一言一行，一举一动，学生会潜移默化地去模仿。教师要注意自己的言行举止，做事要严于律己，做到率先垂范，以便更好地引导学生。为了让学生实现远大目标而努力学习，自己就应该加倍努力工作，以坚韧的品质和高尚的目标感染学生；教育学生比学习、比干劲、比成绩，不比吃、不比喝、不比穿戴时，自己就要生活俭朴，衣着朴素；教育学生热爱劳动时，自己不能光指手画脚、拈轻怕重，而是要和学生们一起参与劳动的全过程；叮嘱学生遵守纪律时，自己先要做到遵守校纪班规；教育学生锻炼身体，跑操不掉队，自己就应跟在班级队伍后面跑步，做课间操时自己也跟着活动身体……

三、重视班会、狠抓养成

班会是班主任集中教育的主阵地。要根据当前的主要任务、学校的要求、常规管理、突出的共性问题等召开班会。班会前，班主任首先做好精心设计和安排，准备相关材料以突出班会的主题。我认为应该开好以下几个主题班会。

1. 开好第一个班会。开学初，高一班级会成立班委会，选拔有威信、有能力愿意为班级服务的学生担任班干部，而班干部直接决定着一个班级整体面貌，可以起到"以点带面"作用，他们是班主任的得力助手。良好的行为习惯是学生学习和生活的保障，为使学生形成良好的习惯，班主任根据学校的规章制度制定出符合本班实际情况的班规。

2. 开好安全教育为主题的班会。安全是我们工作的前提，只有抓好安全工作，才能去谈其他的一切。所以要对学生加强安全教育，提高安全意识，遵纪守法。

3. 开好期中期末考试成绩分析主题班会。考试主要考察同学们基础知识的掌握和知识的运用情况，班会上班主任要根据学校的成绩分析报告来总结本班情况，要求个人对照自己的成绩单给自己一个正确的定位。其次提倡找一个学习的对手，学习他成功的经验，在超越对手的同时也超越自我，让自己在学业上能更上一层楼。

四、踏实工作、创新发展

一名任课老师的生命之花绽放在课堂，一名班主任老师的生命之花应该绽放在班级。班主任只有多到班、勤跟班，才能更多地发现问题、解决问题。

班主任工作是一门艺术，需要方法和技巧，工作对象是学生，需要因材施教。不同时期的班级有着不同的情况，补习生情况更复杂。高中学生的人生观、世界观、价值观正处在形成的关键时期，班主任不能套用一些老方法解决新问题，要时时处处去观察去分析，走进孩子们的心灵，才能真正地做到教书育人。班主任工作必须站得高看得远，要在问题前面预防问题，不然给学生造成更大损失和影响。把着眼点放在学生终身受用的思想方法上，做到对学生的未来负责。教师既要给学生教知识，又要塑造学生的灵魂，唤起他们的兴趣和爱好，赋予他们一种持久的精神和思想。与时俱进及时更新教育管理观念，是新时代对班主任提出的要求。班主任应该以学生的发展为本，不断更新自己的教育理念，结合实际情况，在不断实践过程中，通过反思，对班级管理方式进行调整，从而实现班级管理的最优化。

展宗程

ZhanZongCheng

展宗程，1981年生，2007年8月参加工作，中共党员，大学本科，任教高中物理学科，中学高级教师，县骨干教师，所带班级被评为"市、县先进班集体"；曾多次荣获省、市县优质课一等奖、二等奖；主持和参与省级课题两项，在《物理教学》《物理教师》等期刊发表论文3篇。

挖掘学生优点　燃起心中之志

物理组　展宗程

　　"大雁高飞，不是为了炫耀翅膀；教书育人，不是为了鲜花掌声。"

　　2007年大学毕业后，如愿以偿的从事了教育教学和班主任工作。回顾十五年的工作，想说的真是太多太多，人民教师这一职业是非常辛苦的，尤其是班主任，不仅担负着教学工作，更担负着管理一个班集体全体同学的学习和生活的重担。回顾过去，忙碌而又充实，付出了，努力了，收获了，也成熟了。总结过去，展望未来，寄望明天工作得更好。

　　我认为学习兴趣是最好的老师，学习兴趣是学生学习物理的动力源泉。我在教学中非常注意学生学习兴趣的培养，教学中我不生搬硬套、不搞灌输式教学、不提倡死记硬背，多让学生参与课堂实验和课外探究，让学生在探究中亲身体验和感悟。在工作中认真备课、上课，扎扎实实地打好基础。课堂上特别注重调动学生的积极性，加强与学生的交流，充分体现学生的主体作用，充分考虑每个层次学生的需求和学习能力，让学生学得容易，学得轻松，学得愉快。

有人说："一棵树摇动另一棵树，一朵云推动另一朵云，一个灵魂唤醒另一个灵魂，那便是教育！"作为班主任，我期望着我也能摇动一棵树，推动一朵云，温暖一颗心，唤醒一个个灵魂。我知道路很远，但我相信，脚下的路我会一直走下去！

班级管理中班主任是核心和灵魂，班主任对学生的教育是通过言传身教来实现的，而挖掘学生优点，及时表扬学生是一种常用教育手段。及时准确的表扬，可使学生知晓自己的长处和优点，增强进取心和荣誉感，但如果表扬不当，不仅起不到积极作用，还可能适得其反。

一、表扬要抓住时机

表扬要及时，发现了学生的点滴进步或闪光点时，班主任要及时表扬或鼓励。对学生（尤其是学习成绩不理想的学生）及时的表扬更是一种暗示：让他知道老师没有忽视他，时刻在关注他，让他感受到老师的关怀，克服心理障碍，树立学习自信心。例如，我班有一位自控力比较差的男生，平时上课爱做小动作，课间经常追逐打闹，有时候甚至连课都不上，这种情况严重地影响了班级秩序。我多次对其进行思想教育，但都没有明显效果。后来经过我细心的观察，发现他也有上进心，只不过不能很好地约束自己，加上同学们的取笑、指责，他自己干脆就破罐子破摔，自暴自弃。为了帮助他克服自卑感重拾自信心，我交给他一项任务：让他负责擦黑板工作。擦一次、擦一天是比较容易的，但是能坚持每天把黑板擦得干干净净，可是一件不容易的事情。但是，他不仅接受了这项任务，而且干得特别认真。我就抓住这个有利时机及时表扬他，让他有成功的喜悦感，我还利用课间、课余时间找他谈心，做到晓之以理，动之以情。在我耐心细致地教导下，他慢慢地改正了自己的坏习惯，学习成绩也比过去有了进步。由此看来，对问题学生的表扬是多么的重要，班主任对集体中的好人好事要及时地进行表扬，让班集体形成一种积极向上的氛围。

二、表扬要准确

表扬要有针对性，不能盲目和随意。比如，当学生在学习上取得进步时，应就其学习上的进步大力进行表扬；如果是纪律上的问题，就应在其自律性上进行表扬，这样就能起到强化优秀品质的作用。否则，该表扬的不表扬，不该表扬的说好话，或表扬起来笼统概括，学生往往摸不着头脑，这就失去了表扬的真正意义。表扬的目的是把它作为一种积极的强化手段，一句表扬的话其作用是不可低估的，也许就是因为一句表扬的话，会让学生产生一种积极向上的动力。

三、表扬要适度

适度的表扬会使学生扬起理想的风帆，点燃他们奋进的火花。然而过度的表扬却会降低学生的进取欲望。有些老师认为，表扬学生时，好话多说不会有错，反正"油多不坏菜"。但事实并非如此，随心所欲对学生进行盲目的表扬，不但起不到鼓励的作用，反而会滋生学生骄傲自满的心理，甚至会"捧杀"学生。例如我校15班有名学生，在高一第一次测验考试中取得了全级第一名的好成绩，因此经常受到班主任及代课老师的表扬和同学们的赞美，渐渐地这位同学变得骄傲自满、得意洋洋，有时还会瞧不起其他同学。结果他的成绩就在表扬和自满中不断下降，和同学们之间的关系也变得冷淡了。这就是老师没有掌握好表扬的适度原则，从而"捧杀"了学生。

四、选择灵活多样的表扬方法

表扬的方法是多种多样的。通常以口头表扬为主，但不仅限于此。手势、表情、纸条等都可以使用。不同形式的表扬可以收到异曲同工的效果，如表扬某同学有进步，可以说"嗯，不错，继续努力"；也可以向他竖起大拇指；也可以在批改作业时，将你要说的话写在上面；也可以不直接对其本人表扬，而是在跟其他同学交谈时，热情赞扬某同学的优点，让听者自发地转告给受夸奖的同学，这样受表扬的同学听后，会深深感受到自己在老师心目中的分量，从而会更加自觉地发扬自己的长处。当你想激发学生的斗志，当你想与学生进行情感交流时，轻轻展露笑容，就胜过千言万语。作为班主任，在教育学生时，千万不要吝啬你的微笑。

总之，表扬是一门艺术。在班级管理中，表扬是班主任的一种"常规武器",虽然善于表扬不是征服学生的唯一法宝或金钥匙,但我深信表扬能更好地沟通师生之间的情感,引起学生心里的共鸣,使教育真正成为一门艺术。

贾存文

JiaCunWen

　　贾存文，1980年生，甘肃靖远人，本科学历，中共党员，高级教师。白银市、靖远县"骨干教师"，靖远县教育系统"优秀共产党员"。所带班级多次被评为"白银市先进班集体"和"靖远县先进班集体"。曾获得白银市录像课竞赛一等奖和靖远县"一师一优课"竞赛一等奖。在白银市班主任课例竞赛中获得"一等奖"，白银市优秀教学设计比赛中获得"一等奖"。辅导的学生在全国英语能力竞赛中多人次获得一二等奖。发表省级论文4篇，主持完成市级课题一项，参与完成省级课题一项。

先有父母心，再做班主任

英语组　贾存文

2005年大学毕业后我怀揣梦想和热情来到了我的母校靖远一中工作，在这里连续17年的班主任工作让我找到了人生的成就感。班主任不仅是负责学校与学生联系沟通的纽带，更是几十个学生在学校这个大集体里的家长，他所负责的班集体不仅是由几十个学生组成的班级，更是承载着几十个家庭的未来和希望。由此可见，班主任这个职务肩负重任，任重而道远。俗话说："望子成龙，望女成凤"，我对我的学生也是如此，如爱自己的孩子一般深爱着他们。因此，我认为想要干好班主任工作，就是要"爱生如爱子"。

一、做一个任劳任怨的班主任

当班主任易，但当一个好班主任却是难上加难。还记刚开始带高一12班时，班级总排名从倒数第一逆袭到第六名的情景。为了改变当时的乱象，我开始事无巨细地从班级纪律、学生学习、日常生活、学生情绪变化等方面做去一些细致的工作，有一个时期还给每个学生做日常日志。皇天不负苦心人，经过一个学期的努力终究是有所收获，同时也和学生们达成了默契。使得班级的凝聚力和团结力不断增强，在后期整个班级还获得了"校先进班集体"的荣誉。

常年的班主任工作让我对自己有了新的要求和标准：在学校要做一个认真负责、任劳任怨的优秀班主任，在家里要做一个宽严并济的父亲。正是受这种观念的影响，很多毕业后的学生还时常打电话给我说"老师，好想听一听您说话的声音，您和蔼可亲，又不失威严，您是我最尊敬的老师之一，相信您也一定是一位超棒的父亲。"

二、做一个以身作则的班主任

我班级中的学生几乎毫无例外的知道，我最讨厌的是不讲诚信的学生。我的处事标准是：以自己为榜样，以诚信待他人。在教育教学中让诚信教育始终引领班级思想建设的始终，让"诚信做人、诚信做事、诚信学习"深入每一个学生的心灵深处。

"行胜于言"贯穿在我对学生的教育教学之中，每天陪学生跑操，陪学生早、晚自习，陪学生谈心，陪学生参加各种学校组织的活动，陪伴是工作常态。在陪伴中，让学生了解我的教育理念，让学生感受到我发自内心的关爱，让学生耳濡目染我的行事风格。通过陪伴给予学生最大的支持和关爱，以身作则给他们树立一个良好的榜样。

做一个优秀班主任要"勤",在带班中要做到勤跟班、勤观察、勤思考、勤交流、勤记录、勤鼓励、勤表扬。做一个优秀的班主任还要"严",严格要求自己,严格要求学生。唯有如此才能让学生对你心生敬意,才能让学生对你心悦诚服,才能让学生对你敬仰膜拜。

三、做个有爱心的班主任

苏霍姆林斯基曾说:"一个好教师意味着什么?首先意味着他热爱孩子,感到跟孩子交往是一种乐趣,相信每个孩子都能成为一个好人,善于跟他们交朋友,关心孩子的快乐和悲伤,了解孩子的心灵,时刻不忘自己也曾是个孩子。"这句话在2017年秋天我有幸担任我校"爱心妈妈崇世珍珠班"班主任时已有所感触。作为班主任的我在近20多天的珍珠生家访中走访了靖远县的18个乡镇,走访中的所见所闻让我在内心发问:什么是教育扶贫?教师这份工作该如何做才能做好?如何做一个爱心的播种者、传播者?怎样做才能真正地能帮助到这些孩子?经过深深的思考后,我认为没有爱就没有教育,没有爱就没有责任感,一切最好的教育方法,一切最好的教育艺术,都产生于教师对学生满腔的爱。爱是教师教书育人的动力基础。一个没有爱心的班主任,就不会有充满爱的集体。我们要做学生的严师,否则,那是误人子弟;我们更要做学生的益友,不然,就不能和学生做朋友。

四、做一个幸福的班主任

罗丹说"工作就是人生的价值，人生的欢乐，也是幸福之所在"。我工作着，我快乐着，我在三尺讲台上，勤奋踏实地耕耘，无怨无悔地奉献！作为班主任，每天接触的是几十颗等待滋润的心灵，幸福的瞬间就更多了。当我付出三年的心血和同学们不懈的努力终于有了结果，看着学生们一个个金榜题名的时候；当我的学生走上自己的工作岗位，成为我的同事和朋友的时候；当我桃李满天下的时候……此时，我就是那个最幸福的班主任。

作为班主任，我干工作的时间还不够长，经验还不够丰富。在这期间，有取得成绩时的喜悦，也有工作当中的忧愁和烦恼，甚至会有出力不讨好时的尴尬局面。但我期待更好的将来。我相信用"宁让牛挣死，不让车翻掉"的工作态度一定能将本职工作干得更出色，我的学生也一定会更优秀。今后的工作中，努力做一个"让自己满意、让家长满意、让社会满意、"的教育工作者。

崔自强

CuiZiQiang

　　崔自强，1982年生，中共党员，大学本科学历，中学高级教师，白银市中学"骨干教师"，白银市普通高中语文学科基地中心组成员，2005年毕业于西北师范大学汉语言文学专业，同年8月进入靖远一中从事语文教育教学工作，曾获白银市"优秀班主任"、"县园丁"、"县高考优秀教师"，白银市"教育系统优秀党务工作者"，在白银市高中语文阅读教学优质课大赛中荣获"一等奖"，有多篇论文见诸省级期刊。

用爱心助力学生成长

语文组　崔自强

　　光阴荏苒，时间转瞬即逝。我从毕业至今担任班主任工作，已经有十八个年头了。记得大学刚毕业进入靖远一中，就有语文组的前辈告诉我：当老师一定要当班主任，否则就没有学生，没有成就感，教师的生涯就是残缺的。当时的我意气风发，憧憬着未来的美好生活，下定决心一定要做个好班主任，做一名优秀的班主任。转眼十八年过去了，回想我的班主任生涯，酸甜苦辣，五味俱全。

　　记得第一天当班主任，我手忙脚乱，毫无头绪，书本上的知识在那会儿显得苍白无力，一份值日表排完后我满头大汗，站在讲台上的我真的很无助，有很大的挫败感。但是当我望向下面坐的学生，看着那一张张稚嫩的脸，那一目目关切的眼光，我感到不是责怪，不是嘲笑，而是鼓励。他们的包容给了我很大的勇气，我开始冷静下来，班级各项事务也有序地开展起来。从这件事上我受到很大启示：做任何事都要坚定信念，不忘初心，那样就会事半功倍。

作为班主任，我认为一定要有极大的爱心，用爱心去感染学生、关心学生，就应该像关心自己的孩子一样。首先要去关心学生的生活和学习情况，例如了解他们的家庭状况、关注他们的身体健康、询问他们的学习进展，还要去关注学生的情感状态，如是否有压力、情绪是否稳定等，以便及时提供帮助和支持。其次要为学生提供学习上的指导和帮助，例如制定学习计划、辅导作业、解答问题等。再次要去尊重每一个学生的个性特点和个人价值，不会因为学生的成绩好坏或是家庭背景不同而有所偏见，要充分地信任学生，给予他们信任和支持，鼓励他们在学习和生活中不断进步。

爱心体现在对后进生的关注上，越是后进生越需要老师的帮助和鼓励。对这些学生首先要进行深入的调查摸底，搞清他们之所以成为后进生的原因，做到因材施教，对他们处处真诚相待，时时耐心相帮，真正做他们的知心朋友、最可信赖的朋友，及时对他们加强心理疏导，帮助他们消除或减轻种种心理担忧，让他们认识到自己的价值，从而更好地挖掘他们的潜能。同时，还要创造条件和机会让后进生充分发挥他们的特长，使他们品尝到成功的欢乐和喜悦。

爱心不仅体现在对学生的态度上，还体现在对家长的态度上。对学生的爱心可以表现为理解学生的需求，关心他们的成长和发展，鼓励他们追求梦想，以及在遇到困难时给予他们支持和帮助。这样就能激发学生的潜力，帮助他们建立自信，并培养他们成为有道德、有知识、有能力的人；在与家长的交流和沟通中，也需要体现出爱心。班主任应该尊重家长的意见和建议，与他们建立良好的合作关系，共同关心孩子的成长。同时，教师也应该及时向家长反馈孩子的学习情况和表现，指导家长正确地帮助孩子成长。这样不仅能够增强家长对教师的信任和支持，也有助于孩子的全面发展和提高教育效果。

十八年的班主任生涯，让我受益匪浅，总结多年的工作经验，我认为以下几点值得思考：

1. 爱心是班主任工作的核心。

只有真心关心学生的需求和困扰，才能找到有效的方法帮助他们。爱心可以让学生感受到温暖和支持，帮助他们建立自信和积极向上的心态。班主任通过用爱心感染学生，可以有效地帮助学生解决学习和生活中的问题，增强他们的责任感和集体荣誉感，激发他们的学习热情和创造力。同时，爱心还可以让学生感受到老师的关注和尊重，促进学生的全面发展。班主任应该经常了解学生的情况，关注他们的需求和感受，帮助他们解决问题，同时鼓励他们积极参与班级活动，提高他们的综合素质和团队协作能力。

2. 合作是班主任工作的重要手段。

无论是与家长、任课教师还是心理辅导老师的合作，都能够为学生提供更全面的支持。家长是学生学习和成长过程中的重要伙伴。班主任应该定期与家长进行沟通，及时反馈学生的学习进度和行为表现，同时了解家长对孩子的期望和要求。通过家长会、家访等方式，增加对家长和学生的了解，帮助建立更紧密的家校联系；班主任应该与任课老师保持良好的沟通，了解学生在各科学习中的表现和问题，共同制定教育计划和解决策略。同时，班主任还可以组织任课老师参与班级活动，增强班级凝聚力；心理辅导老师在帮助学生处理学习和生活中的各种心理问题方面起着重要作用。班主任应该及时将学生的心理问题提供给心理辅导老师，配合他们开展心理辅导工作，确保学生的身心健康。

3. 适当的介入和引导是必要的。

对于内向的学生，他们可能不会主动寻求帮助，班主任需要主动介入，为他们提供必要的引导和支持。班主任应该与学生建立积极的互动关系，关心他们的兴趣、需求和问题。通过与学生建立互信和尊重的关系，班主任可以更好地了解学生的困扰，为他们提供及时的帮助；班主任应该定期与学生进行交流，了解他们的学习情况、情感状态和生活状况。通过定期的谈话和观察，班主任可以及时发现学生的问题，并为他们提供针对性的指导和支持；班主任应该通过观察和与学生的交流，了解每个学生的特点，为他们提供个性化的支持和指导，包括学习策略的指导、个人问题的咨询以及与课任老师沟通交流等。

4. 创造良好的班级氛围对学生的成长至关重要。

班主任需要组织各种活动，让学生有机会交流、分享和学习，从而形成紧密的班级关系。组织户外活动：可以增强学生的团队协作能力和凝聚力，同时也可以让学生远离压力，享受大自然，如登山、野餐、徒步等活动；举办文艺汇演：可以组织学生参加各种文艺比赛，如歌唱、舞蹈、朗诵等，不仅可以让学生展现自己的才艺，还可以增强学生的自信心和团队精神；举行知识竞赛：可以组织一些知识竞赛，涉及科学、文学、历史等，不仅可以让学生增进知识，还可以增强学生的竞争意识和团队合作精神；举办社会实践：可以组织学生参加社会实践活动，如义务劳动、社区服务、慈善捐助等，可以让学生更好地了解社会，培养他们的社会责任感和实践能力。

"榕树是因为扎根于深厚的土壤，生命的绿荫才会越长越茂盛。"我正是因为成长在靖远一中这片教育的乐土上，才让我对教育教学充满无限激情。最后，我用我特别喜欢的一段话作为结束语："十几年前，我在埋怨着自己的渺小和平凡。可是现在，正是由于学生们的可爱，我才能甘于清贫、乐于奉献，才能无怨无悔地战斗在班主任的工作岗位上。我愿意将自己火热的青春献给这神圣的事业，愿意刻下皱纹、染白双鬓去成就学生们事业的辉煌和人生的绚烂！"

篇四

共情理论

SHIYAN

从共情理论出现至今，研究者们对共情内涵的理解难以统一。共情的内涵也是最受争议的地方，是研究的关键。第一种观点：认为共情的主要内涵是情绪共情，有效地分享他人的情感，即便包含认知成分，但共情主要强调的是情绪状态和过程，强调分担抑郁。第二种观点：从认知角度探讨共情理论是研究者Kohler认为共情是自身能够理解对方的感受，并与对方的情感共享。第三种观点：认为共情包含认知与情感的双成分理论。Feshback认为共情包含两种认知成分和一种情感成分，认知成分是分辨对方情绪的能力和选择对方观点的能力，情感成分是情感反应的能力，各成分相互作用。第四种观点：认为共情是多种成分相互作用构成的理论，仅仅是认知和情感是不够的。

共情既是一种能力，也是一种品质。Edward Titchener在1909年提出共情理论后，该理论在国内外学者的研究中掀起了热浪，至今仍有研究者们研究和探讨的重点。共情内容方面，研究共情概念、内涵、结构、测量以及特点；共情适用领域方面，研究共情在心理学界的运用，包括心理咨询和心理治疗；共情适用人群方面，研究共情对教师、医护人员等多与人相处类型人群；与共情相关的社会现象方面，研究医患关系、人际关系、亲社会及利他行为等等。目前我国关于共情领域相关性研究很少，主要是医学领域、教育领域，并没有关于共情训练实证性研究。

李志忠
LiZhiZhong

李志忠，中共党员，副高级教师，2004年9月参加工作。自2004年起，在靖远一中从事高中数学教育教学工作至今。2021年4月，荣获靖远县第九届"十大杰出青年"称号。2023年被评为"白银市优秀教师""甘肃省骨干教师"。

在2020年高考中，班上有6人达到清华北大的录取分数线，有3名同学被清华大学录取，全班所有学生被985院校录取，2023年高考中，所带的班有3人进入甘肃省前百名，清华大学录取3人。

激情满怀　身教感染

数学组　李志忠

　　"半生努力台三尺，一腔情怀家国心"，参加工作以来，我一直担任高中数学教育教学和班主任工作，作为一名教师，在神圣的讲台上，我不曾忘记"正身以为师，学高育良才"的教育使命，用心地做教育教学中的每一件小事，耐心处理每位学生的每个问题，将尊重、关爱、包容融入到平时的教学工作中，既教书又育人。

　　常言道：要给学生一杯水，自己要有一桶水。作为一名教师，应该有不竭之泉。所以我一直坚持学习，潜心钻研教育教学和高考有关的文件、资料、理念、数据等，广泛汲取营养，及时反思，转变观念，捕捉新的教学信息，大胆采用新的教学手段。教学中以学生感兴趣的情景引入，让学生喜欢数学，注意学生自主思维的展示，注重学生思维卡点的揭示，课堂上充分调动学生的积极性，将严、细、实、活、新贯穿课堂学习全过程，做到在教中研，研中改，形成了"趣、会、熟、巧"的独特教学风格。

既然选择了教师这个职业，我们就要做一个知识渊博的老师，还要成为一个智慧的班主任。班主任工作的灵魂和核心是爱，没有爱就没有教育。一个优秀的班主任首先应该对自己的班级具有无私奉献的精神。爱每一个学生，对他们的心灵、学习、健康、发展等全方位的关爱，这是一个班级健康发展的前提。好的班主任老师，对学生的发展起着至关重要的作用，有的影响甚至是终身的。莎莉文老师对海伦·凯勒慈母般的呵护，影响了海伦·凯勒的一生，使一个又聋又哑，而且双目失明的对生活已经失去了信心的人，成为了全世界著名的社会活动家。自从事教育工作以来，做一个好数学老师，当一个学生喜欢的班主任，就是我努力奋斗的职业理想。

在平常的课堂教学和班级管理工作中，我注意自己的点点滴滴，一言一行。当我要求学生努力学习时，首先自己做到认真工作和刻苦钻研；当我教育学生热爱劳动时，自己没有指手画脚、拈轻怕重，而是身先士卒。凭着这种对教育的热爱和强烈的责任感，在平凡的教学工作中永远保持着一种崇高的敬业精神、拼搏精神，因为教学成绩突出，得到了学校的肯定，也得到了学生、家长、社会的一致好评。因为我的勤奋努力，同学们的刻苦钻研，2007年、2011年、2013年所带的班级被评为白银市先进班集体。

在工作中，我始终以严要求高标准来衡量自己，不断给自己施压，工作之余，勇于探究，努力钻研教材，分析每堂课成功在哪里，不足在哪里，不断地总结，不断地提高自己的教学水平。

　　"一生做老师，一生学做老师"是我对教育的态度，"路漫漫其修远兮，吾将上下而求索"是我对事业的态度，"心悟精微，志存高远"是我对未来的态度，作为一名教育教学工作者，我深知立足实际，认真搞好教学是教师的根本，今后，我会继续创造性地开展学校的教育教学、教改科研工作，在教育这片田园里勤奋耕耘，积极探索，奉献自己。

马耀丽

MaYaoLi

马耀丽，甘肃靖远人，本科学历，正高级教师。2009年6月被评为"白银市骨干教师"，2011年9月被评为"白银市优秀教师"并授予白银市"园丁奖"荣誉称号，2011年9月所带高三英才2班被评为"靖远县先进班集体"，2016年被推选为白银市第九届人大代表。

桃李不言　下自成蹊

化学组　马耀丽

　　"学高为师，身正为范。"我在心里经常告诫自己：要求学生做到的，自己必须先做到，我用自己的言行给学生作出表率，用自己的人格魅力去感染学生、影响学生。通理先通心，对学生动之以情，开展以情感人，把动之以情和晓之以理结合起来，使我的要求转化为学生的需要而被接受，思想工作也就水到渠成。这是我在教学实践中探索出的一套行之有效的思想教育方法。

　　学校作出评价说："马老师所带的班级稳定，纪律良好，学生心智健全，各项活动（成绩）均名列前茅。"2008年9月，我被评为靖远县优秀班主任并授予"园丁奖"荣誉称号。

　　清里6点，当我的孩子还在梦乡的时候，我已准时在教室里，或检查作业、或对学生弱势科目进行针对性盯背；晚自习，为了不对同办公室老师的工作造成干扰，为了不影响上自习的学生，我从来不领自己的孩子去学校，虽然家到学校很近，只有不足200米。2007年7月辅导的学生刘建宏、陈天鹏分别荣获全国化学竞赛甘肃省一、二等奖，我本人也因此获甘肃省优秀指导教师一等奖。2012年所带班级的学生杜振民和2015年所带班级的学生高守华被清华大学先后录取。同事们都亲切地称我"清华妈妈"。

"有什么样的教学理念，就有什么样的教学行为，有什么样的教学行为，就有什么样的教学效果。"我以学生为主体进行教学资源重组、精心设计每一堂课，我注重学生自学，让学生创造性地学习，把"先学后教"作为优化课堂教学结构的重要内容；以练为主，把"当堂训练"作为激发学生思维的重要武器，培养学生的创新意识。我深钻教材，认真设计课堂，切实抓好学生学习的每一个基本环节，尽量使课堂学习效果优化，激发学生学习兴趣，创设实践性、体验性学习氛围，师生密切合作，交流互动。合理分配课堂有效时间，15分钟精讲，讲清重点，突破难点；20分钟演练，让学生学得扎实有效；5分钟巩固，学考结合，课堂上形成了人人爱学习，个个争优秀的良好学风。2009年6月我被评为白银市骨干教师；2011年9月被评为白银市优秀教师并授予白银市"园丁奖"荣誉称号；2011年9月所带高三英才、2班被评为靖远县先进班集体。

"谁爱学生，学生就会更爱她"，我相信这句话。并且学生们会"亲其师而信其道"。这么多年来，我所带班的成绩无论是平时测验还是高考一直名列全县前茅，得到了学校和家长的一致好评。在每年秋季高一分班时，总有许多家长要求把自己的孩子分到我的班上。他们说，马老师带学生，他们放心，这让我感到很高兴。虽然，并不是取得了多么伟大的成就，但能得到别人的认可，这也是我一种小小的成功。2016年我被推选为白银市第九届人大代表，2017年6月所带高二英才1班被评为靖远县先进班集体。

2020年12月，由于长期的伏案备课、做题，引起了坐骨神经疼痛，严重时，睡觉翻身都有困难，当时正值靖远县高考成绩处于全市历年的低谷期，高三复习正在紧锣密鼓地展开，我在校"若无其事"地坚持正常上课，回家悄悄治疗，硬是忍着疼痛让坐骨神经痛"坚持"到学生高考毕业。其间，只要一有机会，就激励学生，让学生满怀迎战高考的斗志；同时，当学生阶段性考试成绩不理想。搭班的同事情绪低落时，我毅然决然的说："一定有清华北大，加油！"。这一年度，每周担任课时量22节，双休日一直在校加班辅导学生，全年度寒暑假休息了9天。学生经常两天一考，当天批阅完试卷，及时登分，一方面反馈给学校，让学校综合制定后期相应的科学复习方向，另一方面及时面向每个学生，一对一地解疑答惑。功夫不负有心人，在我的感染下，学生的学习劲头越来越足，每考都能上一个台阶。最后，所带的每个学生高考中都取得了满意的成绩，其中张欢和李嘉正两名同学被北京大学录取。学校领导经常在会上表扬，其他科目的老师们也喜欢、期望和我搭班。我赢得了全校师生的肯定，获得了社会的赞誉，2021年我被评为靖远县"巾帼建功标兵"。

巾帼不让须眉，虽然无情的岁月在我的脸上过早地刻下了深深的五线谱，但我依然意气风发，倔强地、满负荷地坚守在工作岗位上，沉淀着奉献精神，酝酿着希望，铿锵岁月里我将继续用满腔的爱去干好这一份党和人民交付的教育事业。

苏其亮

SuQiLiang

苏其亮，2012年毕业于陕西师范大学，同年进入靖远县第一中学从事高中数学教学工作，担任班主任工作11年。获甘肃省微课大赛获得"一等奖"，白银市优质课竞赛"一等奖"，靖远县优质课"一等奖"，所带班级多次受到学校表彰奖励。

格言：教育是神圣的事业，它将成就孩子的一生，影响家庭的命运！

以德育生，以情化人，于细微处见成效

数学组　苏其亮

　　今年已经是我做班主任的第十一年，相比之前，我觉得自己成熟了很多，沉稳了很多，没有了以前的急躁，更多时候，在面对问题时，给自己足够的时间去冷静、去想办法，做一个有心人，尽量站在学生的角度去思考问题，用学生容易理解和接受的方法去解决问题。慢慢地学习享受这份繁忙的工作带来的乐趣，也逐渐体会到了教师职业的幸福感。

　　说实话，高中班主任的确不好当，因为高中生的独立心理增加、逆反心理增强，他们处在情感上的过渡期，总觉得自己是大人，力求摆脱对成年人的依赖，老师、家长在他们心目中的权威逐渐降低，他们不再以老师为中心，不再绝对服从教师的命令。有的情绪不稳定，多变化。会自觉不自觉地对老师闭上心扉，这给班主任的工作带来一定的难度。下面我就自己在班级管理中的一些做法和体会跟大家一起分享。

一、讲好课

　　这一点是最重要的，也是班主任魅力的体现。出色的教学能力能吸引学生，让学生从心底里欣赏你，钦佩你。所谓"亲其师信其道"，学生只有喜欢你这个老师，才会接受你说的话。我们在平时的工作中要不断的提高自己的教学水平，寻找让学生最容易接受的方法。在备课中，用最能吸引学生的形式去呈现要讲的内容。在讲解的过程中，尽量放慢节奏，用最简练精确的语言去表达，多给学生思考的空间。讲课时想尽一切办法将自己的精神状态调整到最好，用最饱满的激情去讲每一节课。课余时间也要主动地去"充电"，多读书、读好书，接触社会比较前沿的思想。只有自己跑得快一些，才能不断地领跑。

二、热情自信，乐观向上

　　其实每个人的情绪都是变化的，总会有情绪低落的时候，而这个时候我们往往是很不理智的。记得刚开始当班主任的时候，我不太会控制自己情绪，也导致了学生的反感，甚至会和有些学生发生冲突，给自己的工作带来麻烦，甚至有时候也会厌烦班主任这份工作。后来，我时刻提醒自己：不要让你的情绪去影响学生，也不要给自己和学生留下遗憾。所以不管有多烦心的事，都要在进教室前将自己调整过来，不让学生被自己糟糕的情绪影响。当学生犯了严重错误的时候，我也不会让自己带着怒气去处理，而是让自己先冷静下来，反复想办法，换个角度思考，想出让学生容易接受的方法，让他认识错误并不再犯。你只有在学生最困难的时候成为他的光照亮他，他才会想成为光照亮他人。

三、言传身教

班主任工作也是育人的工作，要靠自身的表率作用影响人，这点至关重要。作为班主任要时刻注意自身的品格、学识、涵养对学生潜移默化的影响，特别要注意一些小事和细节，不要自己觉得无所谓，其实他们都在心中评价着你，在背后议论着你。班主任必须不断提高自身的思想素质和工作能力，树立自身良好的形象，做到言传身教。有成语叫"上行下效"，深刻理解这个成语对于班主任是非常有必要的。在管理班级的过程中，我们难免会有这样那样的规定，学生有些是能接受的，而有些可能会有不同的意见。只有你先做好了，学生才会信服。比如我们要求学生早晨6点进教室，我们就应该6点之前到教室。既起到监督作用又起到表率作用，否则学生就会在心里嘀咕：你自己都起不来，还让我们起那么早。你在学生心目中的威信自然就会降低，你让学生要认真对待每件事，那么你自己就得认真对待每件事。光说是没用的，"身教重于言传"。

四、守信

现在的学生都是很有个性、很有想法的，你想要他信任你，敞开心扉地跟你交流，就应该努力让学生知道你是一个他值得信任的人。在管理班级的过程中，我总是会想一些办法来激励学生，让他们积极主动地参与学习，参与班级的各项活动，学生们的积极性一直都很高，原因就在于只要我答应学生的我一定做到，有时候为了防止自己忘说，我还会提前写好备忘录。

五、构建平等和谐的师生关系

随着时代的发展，学生的心理问题越来越多，如何与学生沟通成为班主任必须掌握的一项技能。心理沟通是指人与人之间在心理上的互相理解、互相接纳。加强师生间的心理沟通，能轻松解决很多班级事务，也是班主任搞好班级工作的核心因素之一。对于班主任来说，心理沟通能了解学生言行产生的背景，从中发现学生行为的真正动机，设身处地了解学生的思想动态，将心比心。对学生来说，心理沟通就是要能理解班主任对他们教育要求的合理性与正确性，自觉接受班主任的教导，并转化为行动。一个有趣的教育现象是，一些教师的高声批评往往会让学生产生逆反心理，而有的教师非常温柔，却能在管理中让学生心服口服。这些现象值得我们深思，告诉我们在做德育工作时，除了要注意方式方法外，最关键一点就是教师要确立自己在学生心中的位置。教师要热爱学生、关心学生，让他们自发地主动接受老师的教导，这样才是一种相互理解的新型师生关系，体现出师生心理上的相互沟通。只有实现师生心灵沟通，才能找到开启学生心灵之门的钥匙。

身处这个信息大爆炸时代，我们面临的挑战越来越多。因此，教育的目标不应局限于学生知识的增长，而应重视培养出有道德、有自信、有爱心、有创新精神的学生。因此，班主任要不断更新德育观念，培养创新型人才，让我们为实现这个伟大的目标而奋斗！

赵爱一

ZhaoAiYi

赵爱一，2008年毕业于西北师范大学汉语言文学专业。2008年至今，一直在中学任教，担任班主任11年，曾获县级"优秀班主任"一次，县级优质课竞赛一等奖两次。

格言：为人师，尽全心；见己心，见生心。

见已心，见生心

语文组　赵爱一

2018年秋季入学，本人又一次扮演救火队员角色，荣幸地成了"半路主任"，成功接收孩子一群，我之所以接收，一为领导器重，二为鄙人七年班主任经验所拿捏。我所不知的是这个班的复杂程度超过了我的预想，之前的七年班主任经验是以管理农村孩子为主的班级经验，而此时这个以城区孩子为主的"班级"，他们已经在高二2班的教室等着给我"上课"呢！

下午，教室内。我左手拿着成绩单，右手也拿着成绩单，一张为入学成绩，另一张是上学期期末成绩。成绩单上一个学生的排名变动之大成功地吸引了我的眼球，这个学生入学成绩班级第一，期末考试成绩班级二十五。看着这个变动我心里咯噔一下，这个数字二十五，不就是我融入班级，取得这帮孩子信任并成功圈粉的幸运数字吗？换个角度，也是让学生家长认可鄙人的二十五步台阶吗？再换个角度，这二十五步，也是自己为迷之自信买单的台阶吗？如此，我不仅记下了这个数字，也记下了这个不知因何种原因而导致成绩下滑的学生——X同学。

报名开始，我看见有一个身体微胖，体格魁梧，两眼有光的小伙子在报名册子的第二十五格上写下了"雒同学"三个字。此时我趁机提高嗓门大声说："X同学对不，入学成绩全班第一，LOL艾奥尼亚青铜段位，期末考试班级二十五名，艾奥尼亚铂金段位。大神，带我！"话音刚落，他便立即抬头用诧异戒备的眼神看着这个未曾谋面但也知他很深的班主任。对话的这些信息是我之前在其他同学跟前备的课。"老师，你也玩啊，我带你！""谁带谁还不一定呢，我大学时段位钻石一，现在主攻你们的学习段位，你的二十五排名严重拉低班级排名，你很坑！""老师，学习段位晋升很容易，游戏段位晋升难。"此时他一改诧异，少了戒备，甚至有点崇拜。"那就我带你，你带我，期中见分晓。""一言为定"。见己心，也见学生心，三言两语的交谈中，解决了沟通困难的问题。用他爱好的话题拉近了我与他的距离，不露痕迹地中了学习的套路，还顺带让他许了诺。

这种教育方式一定程度上与我的年龄有关，更与我和学生沟通方式有关。后来从其他学生口中得知，X同学很少与别人交流，原因是他沉迷游戏，白天多半时间是睡着的。见心则无话不谈，只要和学生能交流起来，问题就已经能迎刃而解。剩下的两年时间我随时跟进，时刻关注，他的成绩也如我在班级的信任度一样节节高升。本以为所有的故事都会有一个好的结局，他也会如我所愿为我争光。可在高三第一学期有了点小变动，这一年同城某中学办学气势如虹，在坊间反响很大，盖过了我们的大美一中，其他班级有很多学生转学去借读的，而我却迷之自信认为我的小粉丝们绝对没人起这个心思，可是……

　　星期二早上上完课后，我拖着疲惫的双脚赶往教研室时，学生家长打电话说让孩子转学过去。我能理解家长们都希望孩子受到最好的教育，在最好的环境中受教育的心情。但这可是我接这个班后第一个用心带他走向成功的孩子呀！此刻，我有一种自个儿在农村领养大的孩子，突然有一天他的亲生父母来带他去城里生活的那种说不出的滋味。一生气，我就折返回教室，当面告诉他转学的事情，并告诉他下午不用来学校了，只听身后传来了一声弱弱的祈求原谅的声音，老师……我……

　　时间是良药，可以让你忘却很多，不管是快乐的还是悲伤的。高考倒计时两个月，全校高三在冲刺，全班孩子在冲刺，冲刺，再冲刺。

　　同样是下课时间，我拖着刚冲刺完的双腿走在楼道里，手机铃声响了，"赵老师，又要麻烦您了，孩子在那边不适应，成绩下滑很厉害，我觉得只有你能帮他一把！"说实话，我的心情极为复杂，可是在这一瞬间都通透了，个人的小情绪都是小事，与孩子的前途，为人父母的期望相比，如果再较真，那就不配为人师了，更何况我自己心里也不是期望他回来吗？第二天，身体有点消瘦神情略显落寞眼里却依然有光的他站在了教室门口。我用似带愤怒似带鼓励似带期望的目光鼓励他，而他早已眼眶微湿步伐有力地走进了教室。

六月，有人欣喜，有人悲伤，可我属于前者，全班孩子成绩都如己所愿，特殊的X同学也被某电力大学录取，虽没重回榜首也居探花之位。

作为一名普通老师，作为一名普通的班主任，站讲台十三年，带班十一年，显性经验如同行们一样，可每个班主任都有自己与众不同的隐性经验。见己心，更见学生心。一直是我饯行的教育初心。

全员导师化

SHIYAN

生涯导师制是一种以学生个体发展需要出发，旨在指导学生正确认识自我、发展自我、完善自我，促进学生健康成长，促进学生选择合适的人生道路并为之努力的个性化教育模式。

　　尤其在新高考改革下，学校可以发挥全体教师的优势，指导学生形成合适的学业规划、职业规划和初步的人生发展规划，跟踪学生的成长发展轨迹，促进学生特长优势及特性能够健康发展。

　　导师制的运行模式主要表现在四个特点：全体化、个体化、阶段化、灵活化。首先，教师全员导师化，促进每一位学生都能得到个性化发展。其次，生涯指导以学生个性化发展为指导，促进学校发挥优势与个性。再者，生涯指导按不同学习阶段设置不同生涯指导内容，促进学生学习适应性。最后，生涯指导过程学生根据自身需求选择不同导师，导师根据自身特长指导不同学生。

桃李天下尽华章

历史组全体

从教四十载，别家二十春。负了妻子心，欠了儿女情。

讲台四十秋，微绩在一中。校龄半世余，育有状元生。

2022年是靖远一中建校80周年。八十载岁月更迭，改变了校园容貌，不变的是巍巍乌兰、琅琅书声；八十载春华秋实，谱写了锦绣篇章，凝华成一中精神。教学楼旁有一花木葳蕤的"毓秀园"，勒石落款为"1990届校友张巨岩"。2022届全体毕业生敬赠母校的《耸翠弦歌赋》云"庚午成文科省状元之厥功"。全省文科状元，为靖远一中留下浓墨重彩的一笔。李华就是培育出全省文科状元的教师之一。

李华，字遐叔，1940年出生于靖远北滩。先后在村私塾、论古小学、靖远一中读书，1960年靖远师范学校毕业，作为三好学生和优异生被保送上西北师范学院，但不知何种原因没有接到入学通知，只能走上工作岗位。定西师范专科学校、会宁县老庄小学、会宁县土高中学、会宁县城关中学、会宁县头寨中学、会宁县河畔中学都留下李华的足迹。1985年在靖远监考期间，李华向靖远县教育局表达了回靖远工作的意向，两年后调动成功。

1987年8月，李华从工作25年之久的会宁县调回靖远一中任教，除长期担任高三文科班班主任及历史教学工作外，还担任史地教研组组长之职。李华曾在《回首往事》中用朴实的语言写道："我的学历不高，担任高三历史课，压力很大，心想宁可牛挣死，不能使车翻掉，要做出成绩……"李华老师个头高大，身体魁伟。一头浓密的花白头发、一副黑边近视眼镜、一身简朴的中山装、一双牛眼窝黑绒布鞋，成为李华老师的标配。办公桌四周整齐摆放着课本、教案、参考书、作业本、粉笔盒、墨水瓶，正中间一块厚玻璃板下压着班级课表、个人课表、作息时间表。为了能让教室里挤得满满当当的所有学生听清楚讲课内容，李华老师喊哑了嗓子；为了让学生掌握知识要点，李华老师用他刚劲狭长的粉笔字写了一黑板又一黑板；为了在资料匮乏的条件下熟悉考题题型，李华老师从《中学历史教学参考》《中学历史教学》等杂志中精选试题、刻蜡版油印给学生；为了解决学生学习、生活中的困难，李华老师走进宿舍了解学生的吃饭住宿情况。在历史课教学方面，李华老师精益求精、一丝不苟，在日常生活中，李华老师关心青年教师的成长，有时也会向同事们讲"一点飞上天，黄河两边弯，八字大张口，言字往里走，左一扭，右一扭，西一长，东一长，中间加个马大王，心字底，月字旁，留个勾搭挂麻糖，推着车车进咸阳"的字谜和"娃娃不懂事，满墙乱画字"的故事。

一份耕耘，一份收获。1990年，甘肃省文科状元花落靖远一中。对此，李华老师留下这样的记载："我带班的学生张巨岩高考中为全省文科状元，被录取到中国人民大学国际政治系，这是建校40多年第一次有这样好的成绩，全校一片欢腾，学校知名度也大大提高。"在《五角钱》一文中，李华老师记述了受奖的过程：学校对张巨岩奖励200元，从高一到高三的11名任课教师共奖励50元，每人4元5角。最后剩下5角钱再也没法分，李华老师调侃地说只有"贪污"了，好长时间忐忑不安，怨恨自己为什么要犯这个"天大的错误"呢。

2000年，李华老师光荣退休。然而历史教师紧缺，有些班级无法开课。李华老师毅然接受学校的返聘，又站在课堂上，这一干就是几年。再次退休之后，李华老师对教师职业进行了深入的反思。他认为，教育工作稍一闪失就会误导心灵。授业，必须一丝不苟、精确，才是为人之师的职责。教师是区别于他人独具特殊性格的人，他们吸取了人类高尚品德和放之四海皆准的知识精髓，一不争名，二不夺利，堂堂正正，两袖清风，只知奉献，不谋索取，具有蜡烛精神。这正是李华老师的人生理想和真实写照。

此后，李华老师先后在西安、北京等地长期居住，但他对故乡充满眷恋和思念。身居繁华都市的李华老师，经常梦见故乡的人和事。故乡的窑洞，哺育了童年的他，使他免受风吹雨淋，锻炼了他坚定的意志和顽强的精神，使他懂得了什么是苦，使他萌发了改变处境的理想，不达目的不回头，使他有了感恩的心，走多远都会深情回首凝望。2012年6月，古稀之年的李华老师回到了阔别36年、梦牵魂绕的旧居武家沙河。"红山啊，你还记得我吗？我曾吆喝着羊群和耕畜走过你的身躯，你奉献出美味青草；我曾奋力爬上你的顶峰，展望广袤深邃的天地，还抛出磨盘大的石头游玩嬉戏；我曾躺在你的怀抱里仰望蓝天，无忧无虑地望着那飘浮不定的彩云。……感谢你红山，用宽大的胸怀容纳了我，你多么善良而又威严，不怕风吹雨打，你的品格深植在我的心中。"李华老师用诗歌般的语言讴歌故乡的山川草木、窑洞小路，并用七言诗句抒发了祭祖、探望故居的感想："追梦辞京探故乡，物存人去苦思量。往事如烟随风飘，撮把黄土向前望。"

李华老师酷爱传统的秦腔艺术，尤其是《五典坡》，百看不厌，感慨系之，他从"地""住""吃""探""欺""果"等方面进行思考和联想，认为在复杂的环境中，好与坏、幸福与受苦都有遇到，不要把人看成固定不变的，人总是会改变的，环境也是会改变的，事物是运动发展的。他告诉我们只有不断学习，才能与时俱进，不被社会淘汰。

李华老师具有博大甚至超前的人生观、价值观和世界观，他认为，不论国际之间，还是个人生活中，也不分什么群体，或者男女老少，都应和谐、互利、共赢，这种处世原则应予以发扬光大。"你来我往互有情，和谐互利求共赢。人生多多行善事，社会风气面目新。"

在庆祝建校80周年的日子里，我们历史组的同仁谨以这些文字怀念故去的李华老师，以及为学校教育教学付出辛勤工作的老一辈一中人。我们将沿着先辈的足迹努力工作，续写辉煌。

历史组合影（后排右五为李华老师）

王民智

WangMinZhi

王民智，高级教师，自工作以来一直从事高中数学教育教学工作，所带班级多次被评为学校先进班集体。多篇论文发表于省级刊物。

作一名有温度的班主任

数学组　王民智

转眼之间，我在靖远一中担任班主任工作已经11个年头了，其间有欢笑，也有泪水，但我最大的感受，则是充实。这一点可能是没当过班主任的老师无法体会的。管理班级，是一项艰巨的任务，它需要爱心、耐心与细心。对于高中的学生，我着重培养他们的自信、自立的精神和对学习的兴趣。

雨果先生曾经说过"花的事业是尊贵的，果的事业是甜美的，让我们做叶的事业吧，因为叶的事业是平凡而谦逊的。"我很喜欢这句话。作为一名班主任，教育班级中的调皮学生，那是必不可少的，我一般很少说教，会用以下三个问题来引导学生：你的目标是什么？你如何达到它？你尽力了吗？

记得2015年，我的班上有一个学生，他是被兄弟学校开除后转入我校学习的。这样的学生一直是班主任老师最头痛的，因为这样的学生一般性格懒散、学习成绩差、爱惹事生非，所以一进班我就注意观察他，果然这些问题他都有：迟到、旷课、上课睡觉、顶撞老师等。

我多次对他进行批评教育，但他总是当时认错态度端正，一转眼又我行我素。于是，在一次他无故旷课后我郑重把他叫到办公室，拿出一张写有他开学以来所有违纪情况的清单，他依然低头不语等待我狂风暴雨般的批评，但是我只是问了他："你为什么会来我校学习？"他有些不解地望着我，说："因为我听说现在一中管得比较严厉，而且离家近，并且想给家里减轻负担。"他说这话时眼睛亮亮的。我看到了希望，他对学习还是有兴趣的，于是我给他布置了一个作业，回答三个问题：你的目标是什么？你如何达到它？你尽力了吗？"让他当天写好交给我。

出乎我意料，平时很少交作业的他晚上放学时交给我的文章足有 2000 字，其中详细列出了他的目标是成为某一行业的佼佼者，以及要达到这个目标首先要学好数学等基础知识。同时，也非常深刻地检讨了自己在学校的表现，体会到这样的危害。我不失时机地充分肯定了他的理想，并鼓励他：每一个伟大的梦想，都是通过不断地努力变为现实的。此后的几天他的违纪行为明显减少，我又不失时机地在班上表扬他，并借一些参考书籍给他，要求他必须在规定时间读完。从前干什么事情都十分懒散的他，现在经常能在课余时看到他在读书，数学成绩也提高很多。一学期下来，他的成绩在班级名列前茅。当然这期间也有几次反复，每当他对自己没有信心，放松要求时，我就会让他拿出自己写的那篇文章大声朗读。

到了高二后，他还踊跃报名要当我们班的班长，在和他交谈了两次之后，我在班上提名，班级同学一致同意后，他顺利地成为我们高二4班的班长而且干得很不错。

班干部是班集体的核心，是班主任的得力助手。班干部的能力直接影响着班级工作的开展。班干部的选拔、培养、使用体现着班级建设的凝聚力。他作为班长，处理班级事务总是和班委会共同协商，征得我的同意后，实施计划，有目的的一步一步完成，同学们都很信服。直到高中毕业，他依然是我们班的班长。

高中三年毕业之后，他的高考成绩在我们班位居第四名，顺利考入大连理工大学。现在还考上了研究生，坚持不懈地朝着自己的目标努力。

通过对上面这位同学的教育，我更加明确了班主任在学校教育工作中的重要地位——班主任不仅是班级各项工作的管理者、协调者，还是学生成长的领路人和激励者，更是学生学习效仿的榜样。随着经济社会的发展，教育改革不断深化，对班主任提出了更高的要求：业务精、有爱心、肯吃苦、讲师德、善思考等。因此，努力做好班主任工作，迫切需要采取更加有力的措施，保障和鼓励班主任有更多时间和精力了解分析学生的学习、生活及成长情况，以真挚的爱心和科学的方法，教育、引导、帮助学生成长进步。

在班主任工作中，我比较注重观察学生的一举一动，尊重学生的个性发展，和他们深入交流，建立良好的师生友谊，注重心灵的交流，相互尊重，相互信任，用爱心关怀每一个学生，做一个有温度的班主任是我一生的追求。

马文鹏

MaWenPeng

马文鹏，中共党员，2005年毕业于西北师范大学物理系，同年8月到靖远一中任教，至今在靖远一中已经教17年。其间担任班主任工作，现任物理教研组组长。曾荣获靖远县"园丁奖"，多次辅导学生在全国中学生物理竞赛中获得国家级一、二等奖，在国家级和省级刊物上发表论文多篇。

兴趣为帆　助力起航

物理组　马文鹏

古人云：一日为师，终身为父。父亲在家庭中对孩子的意义是不言而喻的，而学校、老师在全社会中正是担当着这个重要的角色。小的方面讲，关乎到培养出的学生是否合格；大的方面讲，关乎到这一届学生能否推动社会、国家的发展。对此，作为老师的我会问：为何有些学生能学得更好，而有的学生死活也学不进去？究竟是老师教育方式的问题，还是学生能力（基因）的问题？对于后者，我不敢妄下定论，只能说对于高考来说，后天的努力占更多的成分。我相信更多的是教育方式的问题，对于这个问题我主要讲两点。

一、老师应该给孩子们做好榜样

老师要对自己的工作有激情，这样才能培养出对学习、对工作、对生活有激情的学生。从学校走出的孩子们是早晨的太阳，孩子们有朝气、有干劲，国家、民族才能有美好的未来。如果说老师上课照本宣科，何谈学生有学习兴趣、有学习动力？如何能主动学习、有效学习？韩愈在《师说》中这样说："师者，所以传道授业解惑也。人非生而知之者，孰能无惑？"学生在学习上、思想上有了疑惑，不知如何开窍，作为长者、老师，我们应该积极提供帮助。我相信考上高中的学生大部分都想考个好大学，都想通过三年的努力给自己和父母呈上一份满意的答卷。对于每天混日子的学生，老师们也应该积极引导他们，不要让他们浪费时间虚度青春。

作为老师应该认真反思是否真正教会了孩子，自己的教学方式是否有利于引导学生，是否有效教学，要想方设法地将明确的教与学做到实处。学习是需要学校、老师、学生的共同努力，双向奔赴，只有积极有效地沟通，才能实现共赢。

二、学校、老师不仅要教给孩子知识，更要育人

教书育人，是不可分割的，我们不应该只培养"小镇做题家"，我们也应该积极引导学生，让他们树立价值追求。中学阶段的很多孩子都处于懵懂状态，学校、老师们应该去做好他们人生的第一座灯塔。我们无法完完全全地教会学生们做人处世，但我们可以通过院校专业宣传栏、专题教育、宣传片等，为学生们打开通向社会的一扇窗，点燃学生们渴望成长的激情。我相信学生们如果能明确自己的目标，知道学习的意义，他们学习的主动性、动力也会更好。但事实是很多学生只知道中学的学习就是

为了考更高的分数，而不知道自己最终的目标是什么（考什么大学、学什么专业、从事什么样的工作等）。只知道自己目标的学生，即使最后考得不好，毕业后也有自己的出路，学校、老师也应该给全体同学们提供这样的资源。所谓磨刀不误砍柴工，目标对这些还未进入社会的孩子们的影响是非常大的。哈佛大学做过一个长达25年的实验，他们选取了有相似智力、学历、环境的年轻人，这些人中大部分人没有目标或者目标不清晰，只有少数人有清晰的短期目标，只有极少数人有清晰的长期目标。25年后，这些年轻人取得的成就如同他们25年前预见的那样。类似地，世界上最大的对冲基金公司桥水创始人，超现实主义者Ray Dalio在2017年出版的《PRINCIPLES》也提到了成功五个步骤的第一步就是需要明确自己的目标，可见目标对于学生的重要性有多显著。

作为一名班主任，在平时我总是会更加关注那些学习没有动力的、看起来无所事事的学生，我会及时与他们进行单独交流沟通。通常情况下，我们的谈话氛围会比较轻松，更多的是以年长朋友的身份来和学生进行沟通，在了解情况后积极给出引导性的建议，让其自己找到前行的目标。而对于主动性较强的学生，在通过少数交流确认后，我通常会给他们足够的自由，让其自由发挥。在课堂中，听过我讲课的同事们都知道我的授课方式是比较特殊的，我会把某一两道经典的题目拿出来用一节课的时间去将这道题从头到尾讲明白，包括题目中的各个细节、解题的逻辑思路以及类似的考法等等，目的就是为了能够真正地把知识给同学们讲明白，让其融会贯通。

总的来说，兴趣是最好的老师，而作为老师我们应该思考如何让学生产生兴趣，老师、学校的角色是指路人，而不是拉车人，我们可以在学生出发走向社会时给学生指一条道路，但是无法永远拉着学生探索世界。

雒晓亮

LuoXiaoLiang

雒晓亮，2005年毕业于西北师范大学中文系，白银市高中语文学科基地中心组成员，高级教师。曾担任英才班、弘毅班、培优班语文教学工作，并担任班主任工作15年。2021年所带班级李嘉正、张欢两位同学考入北京大学，曾荣获甘肃省"先秦诸子课堂大赛"一等奖、靖远县优质课竞赛一等奖；白银市首届班主任技能大赛一等奖，甘肃省基础教育教学研究成果二等奖。靖远县学科带头人；靖远县优秀班主任、县园丁；参与编写靖远一中校本教材《德润文苑》。

班主任的三境界

语文组　雒晓亮

王国维先生说：古今之成大事业、大学问者，必经过三种之境界：昨夜西风凋碧树。独上高楼，望尽天涯路；衣带渐宽终不悔，为伊消得人憔悴；众里寻他千百度，蓦然回首，那人却在灯火阑珊处。我在15年的班主任之路上也经历了三种小的境界。

一、给我一个紧箍咒

我很喜欢《西游记》中观音菩萨的紧箍咒，它能让无法无天的孙悟空乖乖听话。带班之初我就给我班的孙悟空们戴上了紧箍咒。班级管理也颇见成效，连几位领导都夸奖，我班自习纪律很好。我为此自鸣得意了很久。直到一封辞职信让我冷静了下来。我的班长，我最得力的助手竟然要辞掉班长职务。那个坚强自信阳光的17岁男孩，一脸的泪水，满心的委屈，怎么喊都不肯回头。静下心来，我在思考我的紧箍咒式的管理模式，难道我就是传说中的那个站在教室后门偷看的班主任，借助班长打小报告制造恐怖气氛的班主任，抓住一个杀一儆百的严厉冷酷的班主任吗？我除了教会他们顺从、安静，还有什么？这样的一群人会成为祖国明天什么样的公民？想到这里我不禁一身冷汗。

白岩松说：假如讽刺、愤怒、偏激可以解决中国所有的问题，我一定选择以骂人为职业。班长的辞职信瓦解了我最初的管理模式。

二、给我一个理由

用法国作家拉·封丹"南风效应"来概括我的班主任历程的第二段再恰当不过。我不再是那个偷窥的班主任，我会微笑地看着他们，温和地询问，坦诚地交流，平等地对待。慢慢地孩子们打开心扉，愿意让我走进他们的世界。一时间教室充满了阳光，我迎来了我班主任工作的第二个春天。然而王涛断然地辍学泼给我第二盆冷水。记得当时我很生气地问"你学习可以，能考上大学，为什么不上学？""老师，您别生气了！"他微笑着说，"我感觉上学没意思。""上大学才有好工作，好的生活"，我继续挽留。"老师我到南方打工，一样可以生活得很好，比尔·盖茨不是也没上大学吗？"他的决绝一时间让我无言以对。一瞬间我明白了，好工作、挣大钱不应该是我们教育的根本目的和出发点。没有理想信念的教育就会导致精神上缺钙，是培养不出独立人格的学生的。

缺乏生活的理性与责任的担当，是无法成为一个拥有健全人格的人。韩愈说"师者，所以传道授业解惑也"，或许，我要启动我的下一轮"改革"了。

三、给我一个火把

《学习的革命》中说"每个学生都是蕴藏巨大潜能的火炬，关键是要把它点燃！"青春的激情一旦被点燃，它就会熊熊燃烧，爆发出无穷的能量。从此，谈理想、写理想成了班级教育的一项重要任务，大胆写出来，大声喊出来，告诉自己我的理想。面对理想不再害羞，面对理性不再幼稚。面对理想，我的学生开始认真思考自己的前途、人生。高中青春的岁月中孩子们不再那么迷茫，反而多了一份坚定与自信。

夸美纽斯说："你所完成的不是一把刀子的职责，而是一块磨刀石的职责。"我要在班主任的岗位上磨出微弱的火花，去点燃学生心中理想的火把。

王 玖 娜

WangJiuNa

王玖娜，女，毕业于西北师范大学心理学院应用心理学专业，专职心理健康教育教师，国家三级心理咨询师，入职靖远一中期间一直从事心理健康教育工作，包括生涯规划课、心理咨询、心理讲座等方面。曾获白银市第一届心理咨询师技能大赛"白银市技术标兵"的荣誉称号。

做好高中生的生涯导师

心理学、生涯规划教师　王玖娜

  我是一名青年教师，从参加工作开始，我就一直以成为一名合格的心理老师来要求自己，心理工作不仅要求读万卷书，还要求深厚的实践经验，结合工作以来遇到的个案，在此分享一下工作经验。

  做好高中生的生涯导师，新高考改革对心理教师提出了更高的要求，要求心理教师要快速成长，成为学校生涯导师团队中的心理专业理论指导专家。

  结合我校的教学实际，主要是将心理活动融入生涯规划课中。首先是将心理健康课中的"入学适应"与生涯规划中的"生涯唤醒"融合；其次是将心理健康课中"认识自我"和生涯规划课中"探索内部世界"融合，每节课设置两个活动，活动1是认识自己的特质（兴趣/能力/性格/价值观），活动2是认识自己的职业特质（职业兴趣/职业能力/职业性格/职业价值观）；最后是将心理健康课中的"三大模块"（情绪调节、时间管理、人际交往）与生涯规划中的"生涯管理"（情绪管理、时间管理、人际管理）融合。

完善我校心理咨询服务体系。目前我校已建成省A级标准的心理咨询室，配有4名心理咨询师，其中有2名国家二级心理咨询师，主要是通过每学期伊始通过教务处定制校门宣传栏中的学校心理咨询宣传海报，海报包含心理咨询室、心理咨询师、心理咨询简介，让每一名学生都能了解到学校有专业的心理咨询服务中心，能在个别学生有心理困扰而自己解决不了时获得救助；还有校领导在班主任会议上强调让班主任及时发现并关注有心理困扰的学生，如果班主任尽力了却帮不了学生，就要及时转交到心理咨询室，我们会通过班主任介绍和学生自述评估其心理问题是否属于心理咨询的范畴。若属于，会尽力去陪伴支持他解决自己的心理困扰；若属于心理咨询的范畴但受个人专业能力限制，会寻找专业能力更强的二级心理咨询师督导或转介；若超过心理咨询的范畴，比如确诊较严重的抑郁症和疑似精神分裂症等，我们会及时联系班主任建议家长及时去医院的心理科或精神科进一步诊断和治疗。有时我校个别学生家长和教师有心理困扰时，也可提供免费的心理咨询服务，特别是我校专业心理健康服务中心建成后，女教师工作压力大时会提前预约音乐放松室，帮助其进行按摩放松，个别问题学生家长有亲子关系困扰时找到我，我们也会及时从心理角度进行分析并支招，若家长已经很无奈，需要我们出面进行家庭系统咨询，我们也会尽力尝试，获得家长的鼓励和认可。

学校会定期开展年级或班级心理讲座，主要针对课堂和咨询中发现的问题来确定主题，也有个别班主任邀请我带班里的学生在团体活动室或操场开展一节课的团辅或素拓活动。例如2019年7月份我在高一高二学生期末考试后开展了一场主题为"合理归因，激励自我"的考后心态调整讲座，由校领导牵头组织，我自选主题；还有2023年5月份应高三弘理班班主任李志忠老师的邀请，我按照班主任的要求准备了一场主题为"正视压力，减轻压力"的高考前减压鼓励心理讲座。

虽然我在工作中取得过成绩，但我深知要成为一名合格的心理教师至少需要十几年的时间，成为一名优秀的心理教师需要付出无数的时间、精力和金钱。新高考背景下，学校要求我要做好高中生的生涯导师，因此我会一直坚持，努力学习，努力使自己成为一名优秀的心理教师和生涯规划师，我会坚定地走下去！

李志明

LiZhiMing

李志明，甘肃宁县人。高级教师。2003年7月毕业于西北师范大学物理与电子工程学院物理学专业，当年进入靖远县第一中学任教，从事物理教育教学工作，担任班主任工作16年。甘肃省物理学科基地中心组成员，白银市物理学会理事。曾获靖远县"园丁"，靖远县"骨干教师"，学校优秀班主任等称号。辅导十余人获得全国中学生物理奥林匹克竞赛全国一二三等奖。现任物理组副组长。

耕耘不辍　共筑梦想

物理组　李志明

　　高中是一个比较特殊的阶段，处在这个阶段的学生虽然已经具备了一定的理性思维，有了比较清晰的自我意识和评价体系，但是由于生理和心理的不成熟，自我认知会出现偏差，会过高或过低地预估自己的能力，导致在学习和人际交往中被这样或那样的问题困扰。作为与这个阶段的学生相处的老师，尤其是班主任，在三年的时间里，要对他们在不同阶段遇到的困难和可能出现的问题，做出预判和准备，并能不露痕迹地引导和帮助他们适应和解决，在他们追逐梦想成就大才的路上，成为他们有力的筑梦人，是我一直想做也正在做的事情。

　　我理想中的师生关系是亦师亦友。师，传道、授业、解惑。作为高中生，他们更佩服专业能力强、授课方法独到的老师。作为班主任老师，在自己的科目上必须要取得学生的认可，这是我对自己的基本要求。要让自己具备很强的专业学科能力，就要不断地学习、借鉴、更新和反思。要让自己的课堂既有很强的感染力也能启发学生自己思考、增强学习效率，还要不断研究学情，关注学生的状态，实时调整教学方式和方法。学习三年的目标是为了参加高考并考上心仪的大学，谋求更大的发展，而大多数学生在整个高中生涯中遇到的最大困难就是学业上的，虽然原因各异，老师也没办法真正做到"有教无类"，但如果能用自己独特的教学风格让学生喜欢上教学科目，并能引导学生建立模型，自主思考和解决问题，那将是对他们最大的助力了。

在学生成长过程中与其相处最多的，除父母之外的成人就是老师。老师是最有能力，也最有责任关注、帮助、陪伴他们的人，亦是对他们产生深远影响的人，尤其是班主任。正因为和学生在学习生活的方方面面接触较多，所以班主任对学生产生的影响更大。所谓"亲其师，信其道"，当一个在生活上可依靠、情感上可信任，学业和人格养成上可依赖的，既有温度又要求严格的班主任，甚至要做到因势利导、事无巨细，确实很费气力。但只要能让学生学有所成，实现自己的梦想，一切都值得。三年一轮的筑梦时光过得很快，尤其是高考放榜后，学生的一个个喜讯，就是我作为班主任的"高光时刻"！当然，也有不尽如人意的结果，但只要学生能在三年时光里不负韶华全力以赴，那些共处的每一寸时光都是值得的！

班主任工作琐碎辛苦忙碌。每天要跟班跟操，备课上课，时不时要监督观察学生在其他老师的课堂上的状况，还要和其他课任老师以及家长沟通，全力做好学生的学习和思想工作。三年的时间说短也长，学生会遇到各种各样的问题，有关于学习方面的，也有关于家庭变故的，也有关于早恋的，也有关于家庭矛盾冲突的，也有关于人际关系的，不一而足。有时候要充当心理咨询师，聆听学生的苦闷、疏导他们的情绪和压力；有时候要当好学生与家长之间的"粘合剂"，排解他们之间的沟通障碍，改善亲子关系；有时候要充当"侦探"，满大街、各网吧搜寻夜不归宿或沉迷于游戏的学生；有时候要充当安全宣传员，关照学生的安全，夏季防溺水，冬天防用火用电等等。

虽然辛苦，但正因为我付出了时间和精力，和我的学生一道共同面对了许多问题，共同解决了许多问题，才建立起了彼此的信任，成为了不一样的"盟友"，这是我的幸福所在。

当然，面对"盟友"，特别是犯错的"盟友"时，对不同的秉性的学生，要用不同的教育方法，在教育时机的选择上也要注意，不能简单粗暴。比如有的学生"一根筋"爱走极端，就得冷处理，不能过分严厉；而有些学生自控能力弱，屡次犯错，就得严肃批评，还要经常监督。另外，在班级管理中要做到知人善用，各尽其才，充分发挥班委以及每个班级成员的才能。比如每次学校举行各种文体类活动，只要是集体活动，我从不插手。因为我相信，学生的点子比我多也比我好。另外，我要让他们知道，学习是自己的事，这些活动也是他们自己的事。自己的事就得自己"折腾"，好坏自己承担。而事实也证明，这样的班级中成长起来的孩子更有自信也更有担当，这样的班集体也更有凝聚力。记得有一次，学生们准备的活动节目没有取得奖项，几个学生哭得一塌糊涂，说对不起我的信任，让别的班笑话了。我笑着说，只是一次活动而已，只要你们玩高兴就好，参加活动只是学习生活的一种调剂，如果凡事都计较输赢得失，岂不太没意思了？在我眼里咱班是最好的！听了我的话，原本哭鼻子的学生反而破涕为笑了。

要管理好一个班级，也不开各科任老师的团结协作。在教学中相互肯定，在管理中相互搭台支持。说起我的历届搭档，不是才气俱佳，就是风趣诙谐，他们都有与学生融洽相处的妙招，但最基本的方法无非真诚二字。

我的学生们喜欢给我起外号，比如"熊大""矬帅""明哥"，竟然连家长也知道。有一回我走在街上和两位家长相遇，虽然他家孩子已经毕业好几年了，但还是会经常在他们面前说起我这个"明哥"曾经的故事。这，也算是一种幸福吧！

王世贵
WanShiGui

王世贵，中共党员，毕业于西北师范大学计算机科学与技术专业，2005年8月参加工作，现任靖远一中政教处副主任。2010年和2015年先后两次荣获"甘肃省技术标兵"和"白银市技术能手"，2015年获白银市优质课一等奖，2017被评为靖远县"十三五"骨干教师，2018年荣获"靖远县教育先进个人"，2016年、2021年和2023年先后被评为"靖远县优秀德育工作者"。在省级刊物发表论文多篇。

坚定信念　润物无声

政教处　王世贵

　　有人说，教育的使命就是通过人本的陶冶、知识的启发和能力的培养，让每个孩子都具备经营其幸福人生及推动社会进步的能力，让孩子们可以快乐地学习，自由的成长，同时具备多元的素质。这是学校教育的目标，而要实现这个目标，除了政策的引领、学校的统筹之外，更重要的是老师的谆谆教导，尤其是需要班主任老师一丝不苟地付出。

　　作为班主任，他们是班级工作的领导者、组织者和实施者，是学校全面贯彻党的教育方针，实施教育和教学计划的得力助手，是联系班级任课教师的纽带，是沟通学校教育、家庭教育和社会教育的桥梁。他们需要在学期开始便制订班主任工作计划，安排好班级各项工作；需要了解和研究学生，掌握每个学生的思想品质、才能特长、性格特征、成长经历以及家庭情况，也需要关注学生的学习状态、学习成绩，关注每个学生的内心世界和心理变化，关心学生的生活、健康和安全，教育学生养成良好的生活习惯和学习习惯，还需要有计划地组织好班委会活动，协调班内各任课教师之间的关系，互通情况，统一要求，改进教学方法，以及做好与家长的沟通协调工作等。

当太阳还没有醒来，其他人还在沉睡，作为班主任就已经开始从家赶赴学校，开始了对学生的陪伴。他们总是会来到学生的前面，检查学生到校情况，作业完成情况，督促晨诵；他们也总是要走在学生的后面，等待学生们都已离开，安全返回，才能够放心。对于住校的学生，他们是二十四小时待命，但凡哪个学生有头疼脑热或其他意外情况，他们也总是第一个赶赴现场。学生的生涯规划、毕业生的志愿填报，他们也都要认真研究，耐心指导，如此等等。班主任工作的辛苦，不仅仅源于平时杂乱的各项事务，更重要的是对每个学生个性化发展的认同。作为每一个充满活力的个体，每个学生都散发着自己的个性，让个性得到充分展现而又不特立独行，是每个班主任老师都希望有的最美好状态，而这需要的却是班主任持之以恒细心的观察、耐心的引领、适时的沟通和正确的指导。

整班风，正学风，抓常规管理、培养学生良好的学习、生活习惯，为学生创设和谐、向上的学习和生活环境；跟早操、促卫生、填表格、报数据、看纪律、查晚休……从早到晚以学生为中心处理各种事务。"人不渡我，我自渡；不为彼岸，只为海。"每一位班主任，凭着坚强的意志，硬是把这别人看似枯燥乏味的班务工作做得非常精彩。他们在平凡中坚守，从耕耘中寻找快乐，获得幸福。一年又一年，一级又一级，作为班主任，他们将青春奉献给了教育，他们用爱心和智慧成就了一届又一届的学子，他们用实际行动诠释着自己在学校、在班级、在学生心目中存在的意义，他们用一腔热血创造着自己生命的价值。他们用坚定的信念团结带领科任教师一次又一次创造出辉煌的高考成绩，他们坚韧不屈，无怨无悔；班主任工作虽然琐碎，只因关乎学生的成长与发展，他们乐此不疲，甘之如饴。

　　班主任工作是学校开展德育工作的主力军，是推进立德树人根本任务的中坚力量，鼓励更多的教师从事班主任工作，以及激励班主任教师更好地为学校德育工作服务，是学校加强班主任队伍建设的核心思想，也是学校开展德育工作的重要手段。漫漫"长征"路，任重而道远，只有维护好班主任队伍的发展环境，让班主任队伍在教育基层牢固扎根、乐于奉献，才能保证学校正常、高效、健康的教育生态，才能真正为国家培养出德才兼备的有用人才。希望有更多的教师不断融入班主任队伍这个大家庭，坚定信念，努力工作，艰苦奋斗，润物无声！

篇六

心理危机干预理论

SHIYAN

心理危机是指由于突然遭受严重灾难、重大生活事件或精神压力，使生活状况发生明显的变化，尤其是出现了用现有的生活条件和经验难以克服的困难，以致使当事人陷于痛苦、不安状态，常伴有绝望、麻木不仁、焦虑，以及植物神经症状和行为障碍。心理危机干预是指针对处于心理危机状态的个人及时给予适当的心理援助，使之尽快摆脱困难。

　　危机干预，从心理学和社会工作实务的角度来看，是一种通过调动处于危机之中的个体自身潜能来重新建立或恢复危机爆发前的心理平衡状态的模式。危机干预已经日益成为心理服务的一个重要分支。危机（crisis）是指人类个体或群体无法利用现有资源和惯常应对机制加以处理的事件和遭遇。危机往往是突发的，出乎人们的预期。如果不能得到很快控制和及时缓解，危机就会导致人们在认知、情感和行为上出现功能失调以及社会的混乱。因此，危机管理（crisis management）、危机干预（crisis intervention）便成为人类处理危机，给处于危机之中的个人或群体提供有效帮助和支持的一种必然的应对策略。

孙万里

SunWanli

孙万里，1977年生，甘肃靖远人，中共党员，1999年6月毕业于兰州示范高等专科学校中文系，2000年9月参加工作，2003年9月至今在靖远一中任教，现任学校教务处副主任。

2009年获"靖远县高考优秀班主任"荣誉称号，2015年9月获靖远县委县政府授予的2013–2015学年度"师德师风先进个人"，并授予"园丁奖"，2018年被评为"白银市骨干教师"。

琐忆

孙万里

自1999年毕业，做班主任已经有23年的时间了，这中间竟未间断过，先是做了4年的初中班主任，2003年开始做高中班主任工作，一直是从初年级带班，完完整整带到毕业，已经有8届了，从刚毕业时的弱冠，经历了而立，跨过了不惑，开始要触摸知天命了，也算有"桃李满天下"的感觉了。

如韩愈所说：师者，传道受业解惑。无论哪方面，自己都有亏欠学生之感。一者，自己业不精，故解惑不深；二者，自己道不深，故传授不准，有误人之嫌。唯一值得欣慰的是，自己始终尽心尽力。虽常怀临深渊之惶恐，但切记履薄冰之谨慎，于教学之余，也有些许人事，略记一二。

2014年，带13班的高二上学期。班上有新转来叫冯某某的男同学，个头很高，坐最后一排，平时寡言少语，除学习成绩不好，也无其他劣迹。高二下学期开学报到，冯某某一头披肩长发，这自然不符合学校规定，我要求他必须剪短头发，否则不准报到注册，冯某某听了我转达的要求后，转身就走了，从此再也没有来上学，期间，联系其家长，也不甚了了。因是新转来的同学，班上同学也都对他不太了解，到现在，偶尔和当时的同学说起，竟然不知。算年龄，应该有三十好几了，是为憾事。

2008年带高三毕业班，12月份第一次模拟考试，班上同学高某某成绩一落千丈，当晚晚自习时没来，联系家长，说她已经从家里走了，正在焦急的时候，她给我打电话说心情不好，在黄河边散心。在电话里确认她的具体位置，指示班长等坐车迅速赶到她转悠的地点，将她带回学校。她感觉有点把事闹大了，不好意思进教室，我说你今天如果能跨过教室这道门槛，以后就没有比这更难的事了，在教室外徘徊了好长时间，鼓足勇气，她迈过门槛进了教室，此后，成绩虽也时起时落，但高考中发挥正常，后来在南方某城市工作，是为幸事。

某日上课，自己激情澎湃，但总感觉学生怪怪的，我是很敏感的，在听讲之余，他们的眼光有点游离，甚至个别同学有坚持忍受的意思，坚持上完课，回到办公室，照镜子，发现自己的鼻尖是白色的，才明白这些家伙为什么怪怪的，也难为他们忍受了一节课，估计我出教室后，他们终于可以放浪大笑了，是为趣事！

事情不大，但常记忆之！

张庆祥

ZhangQingXiang

张庆祥，中共党员，靖远县第一中学历史教师，白银市骨干教师，现任靖远一中政教主任。2003年6月毕业于西北师范大学文学院历史教育专业，本科学历。自参加工作以来一直担任班主任工作，从事高中历史教育教学。所带班级多次被评为"靖远县先进班集体"、"白银市先进班集体"，曾被授予"靖远县优秀班主任"荣誉称号。先后在《甘肃教育》《现代教育科学》《试题与研究》等学术刊物发表多篇论文。

严师恩重，慈父情长

——记恩师张庆祥老师

"你们到底是跑这儿是干啥来的，你一定先要搞清楚，我们跑这儿不是说混日子长大来的，我们是要改变自己的命运来的，不要一天无所事事……"这就是我在复读时的班主任张庆祥老师。

不得不说，幸运之神又再次眷顾了我，让我在复读的那段至艰至难却又极其留恋的岁月中遇到张老师，遇到这样一位苦口婆心、儒雅温文的好老师，遇到这样一位有魄力、敢作为、把心思一心放在我们学生身上的好老师。

时至今日，我依旧对我的恩师张老师满怀感激，就像我在复读期间写的一首诗中的一句："命运究竟想把我们带向何方，我们不得而知，但路在脚下，我们就只有这样短暂的一生，我们应该去看看"。这不仅是我在复读时的真实想法，也是我的恩师张老师作为一名人民教师在平常但却不平凡的生活中真实的写照，只不过张老师把去远方看看的使命与传承已经交给了我们这些弟子，我们去往哪里，他便去往哪里；我们看到什么，他便看到什么。

现到如今，我不得不承认时光是人世间最有效的麻醉剂，时光让人健忘，同时也让人变得落落大方。其实我当时复读的目的非常简单，我爱慕的一个姑娘比我低一级，我就天真地认为和她同一年上同一所大学，我们便会一直走下去，对，我复读的目的就是混一年日子，别无他求，但是后来的事实证明我的想法极其天真。在复读的第一学期期中，我们的关系破裂了，我的精神支柱轰然崩塌，就在这个时候，张老师明显地感觉到我不在状态，多次找我谈话，询问我这两天是不是出啥问题了，我至今都能清晰地记起张老师眉头紧蹙，语重心长地给我说了这样一句话："有些事情有的时候并不是我们能掌握来的，咱们也不知道是哪里出了问题，但是咱们还是要把咱们当下最主要的东西想明白，得把当下的东西抓住，你明白我意思吧？"那个时候我确定张老师并不知道我这个事情，但是这句意味深长的话确实是在无意间点醒了我：我原来是身在靖远一中，是在这样一个读圣贤书的殿堂之内，我到底在做什么？我到底还在纠结什么？我到底想要什么？就这样三个问题，瞬间出现在我的脑海之中，我向张老师请了个假，回家去了，因为我预感答案在生我养我的那个小村子里。

我回去之后，家里人也并没有过多地询问，我放下书包，径直走向了田地，天地如此之大，我究竟要走向何方？去田野的步伐昏昏沉沉，回来的步伐却越发有力，健步如飞，我悟了！我悟了！在那一刹那间，是非对错，于我何加焉？我像一个疯子一样奔向家里，背起书包就往学校跑，回到学校，张老师又把我叫出来，问我怎么样，我昂首挺胸、淡定从容地回答："老师，学生想明白了"。我觉得说再多也不如这几个字掷地有声，这几个字是有分量的，张老师似乎感受到了我重拾信心的勇气，拍了拍我的肩膀，微笑地说了一句："好，我相信你徐延灵有这个能力，去，再抓紧去上课去"。就这样一件事情，可能在别人看来无关紧要，却是改变我命运的一件事情，如果那个时候没有张老师的那句话，我不敢想象我现在是否还能坐在兰州大学秦岭堂里写文章，这就是我的恩人——张庆祥老师。

张老师给我的第一感觉是温文儒雅、风度翩翩，但是我与张老师第一次真正意义上的接触是在一个星期四晚自习前。那天我去找张老师，谈了关于设立班干部的问题，因为我们那届复读班将近90个人，没有一个成熟的班级管理体系是不行的，我向张老师推荐了王勇安，张老师也毫不犹豫地选择相信我，第二天就宣布了班长是王勇安，后来因为班级事务过多，我又毛遂自荐，和张老师要了个学习委员，我和王勇安两个就干了起来。我后来经常开玩笑说："我是我们班主任自盘古开天辟地以来设立的第一个学习委员"，后来也从张老师那里得到证明，这句话是对的，张老师带班以前从没有设立学习委员这个职务。讲句实话，我们干得不错，在张老师的大力支持下，在我们雷厉风行的做法下，文英班得到了常态稳定，同时也锻炼了我们的能力，我和班长王勇安的关系一直很好，他现在发展很不错，在大学里边兼任数职，非常优秀，我们的家还距离比较近，我们经常一起小酌两杯聚一聚，谈起这些事情，王勇安和我一样，每每讲这样一句话："哎呀！小徐，我给你说，如果没有咱们班主任那个时候的信任与培养，我王勇安根本没有今天，根本没有……"别人可能都难以理解，但是我们俩一起摸爬滚打，我们是知道的，张老师对我们确实是恩重如山。我们何其有幸，能够遇到张老师这样的恩师。当然，我借这个机会也向张宏玲、高志瑞等学习较前列的同学表示歉意，因为那个时候人太多了，我们只有使用高压政策，不允许有个人自由发展的空间，维持班级的稳定，其实多多少少影响了这些同学。

后来因为工作繁忙，我一直到今年过年才有幸和王勇安一起看望我们的恩师，张老师很热情，我们聊了很多，我们感到我们之间不仅仅是师徒交流，更像是多年未见的好友相谈，甚至像是一位老父亲和自家娃娃的家常聊天。我们聊以前，聊现在，聊未来，我们无话不谈，我们为我们这位恩师分享当时文英班的小秘密，我们恩师也向我们透露他当时在文英班捕捉到的一些风声，谈到尽兴之处，我们往往抚掌大笑，发出同样的感慨："哦！原来是这样，哈哈哈哈……"

这就是我的恩师张老师，给予了很多人从头再来的机会，挽回了很多身处悬崖却不自知的"马儿"。岁月流淌，师恩永铭，最后就让这篇文章在我恩师的谆谆教诲中结束吧："复读，不是说我们复读生就低人一等，是实现我们人生自我价值的一次机会……"

本文作者：徐延灵

王世杰
WangShiJie

　　王世杰，1966年生；1991年至今在靖远一中任教。所带班级多次被授于"靖远县先进班级体"，先后多次被评为"优秀班主任"，并授予"园丁奖"称号；2012年被靖远县教育局授于"靖远县2012届高考先进工作者"称号；2014年9月被中共靖远县委、靖远县人民政府评为"靖远县学科名师"；2015年3月被中共白银市委宣传部、白银市人力资源和社会保障局、白银市教育局评为"白银市先进班主任"。2017年9月被中共白银市委、市政府授予市"园丁奖"称号。2020年获"成珠高考名校教师奖"辅导学生参加历届全国化学奥林匹克竞赛甘肃赛区决赛中取得优异成绩，先后有多名学生获得国家级、省级、市级奖，多次获优秀辅导教师奖。

孜孜一生从教的王世杰老师

三尺讲台，为人师表，教师作为人类灵魂的工程师，肩负着教书育人的崇高使命。今天让我为您介绍一位献身教育事业的优秀工作者，他就是靖远县第一中学教师——王世杰。

王世杰，靖远一中高二"弘毅班"的化学老师，也是这个班的班主任。在多年的班主任工作中，王世杰走访了所带过的每一个学生的家庭，几乎每周都要去所带班级的学生宿舍里看看，关心他们的学习，更关心他们的生活。他每天都在做同一件事，就是教书育人。

出生于1965年的王世杰，第一次站在三尺讲台上时刚二十四岁。一支粉笔，默默耕耘，在靖远一中的校园里，王世杰一干就是25年，这期间担任了二十年的班主任。这个工作是一件苦差事，拿钱不多，操心不少，但王世杰一直抢着干。

"班主任笔记"详细地记录了他关心学生的每件事。

王世杰："平时学生有什么事情就随时记录。记录是很好的班主任管理方法。记录下来，针对学生的具体情况，具体对待。在王世杰看来，要想做好一名老师，与学生和家长保持良好的沟通与交流，至关重要。他总是关心每一位同学，谁遇到了问题都逃不过他的眼睛。"

同学们都喜欢上王老师的课，因为他的课总是充满着新鲜，总能带来惊喜。化学是和生活息息相关的东西，他每次上课总是用生活中的例子来讲解课本上的知识。在他的学生景文晶看来："他在平时的上课当中十分地诙谐幽默，使我们很容易就能记住当天所学习的内容。"

学生郝建新眼里的王老师："记得有一次，我们班有一位住宿生花光了他的零用钱。每天吃干饼子喝白开水。我们都没有注意到这一点，但王老师放学进宿舍之后就发现了，王老师借了这个同学100块钱。那个同学特别感激，我们知道后也特别感动。"

在多年的班主任工作中，王世杰走访了每一个学生的家庭，几乎每周都要去所带班级的学生宿舍里看看，关心他们的学习，更关心他们的生活。王世杰常说"晚上还是早点休息，下晚自习已经十点了。稍微看会书就睡觉，把精力用在白天比较好，对吧，劳逸结合。生活搞好了，学习也能搞好。"

从教多年，王世杰几乎把所有的精力都扑在了学生的身上，在教学上也获得了很多荣誉。这些荣誉不仅体现在一张张证书，一项项头衔上，更重要的是他的教学及管理方式得到了学生们的认可、同事们的赞赏和肯定。化学教研组的老师韩鹏刚来学校时，是王世杰老师手把手地教他备课，上课，纠正他的问题，帮助他成功地走上教师的岗位。韩鹏这么说："我们年轻人在教学上遇到问题的时候，他会耐心地指导，耐心地给我们设计每一堂课的教学环节。"

王世杰把学校当做自己的家，把同事当做自己的兄弟姐妹，把学生当做自己的孩子。这种精神不仅让他教出了一批又一批优秀的学生，也真正赢得了学生的尊敬和爱戴。如今在清华大学攻读研究生的2011届学生张笑钦就十分想念王老师。

王世杰这么看待他的教育生涯："这辈子我选择了这个行当，我感觉很充实，也很有自豪感。因为我把那么多优秀的学生送入了大学校园，又有那么多的人才进入了社会的各个行业，我颇有成就感。"

师者，传道授业解惑。一个好老师会对学生产生深远的影响。在课堂上，王世杰是一位严师，但是在课下，他是学生的大家长，甚至是朋友。学高为师，身正为范，王世杰用自己的实际行动给学生们做出了最好的榜样。

本文作者：冉小民

（作者系白银市融媒体记者）

文树军

WenShuJun

　　文树军，1980年生，甘肃靖远人，本科学历，中共党员，中学高级教师，白银市骨干教师。2005年毕业于西北师范大学思想政治教育专业，2005年9月至今在靖远一中任教。从教19年，担任班主任工作18年。2009年至2019年担任思政教研组组长，2019年至今担任办公室主任。

　　2013所带班级荣获靖远县先进班集体，2014年被评为靖远县优秀教师；2016年、2019年所带班级荣获白银市先进班集体；2021年被评为靖远县"先进工作者"；2023年被评为靖远县"名班主任"。

十八年德育之路：我的班主任工作体会与心路历程

思政组　文树军

　　时光荏苒，转眼间，我已在这片教育热土上耕耘了十九年。2005年，我怀揣着对教育事业的无限热爱和憧憬，从大学校园走入了高中的课堂，自2006年起，我更是肩负起了班主任的重任，开始了一段充满挑战与收获的德育之旅。

　　刚担任班主任时，我满怀激情，但也深知责任重大。面对一群个性鲜明、思想活跃的高中生，我时常感到力不从心。然而，正是这些挑战和困难，激发了我不断学习和进步的动力。我阅读了大量的教育专著，参加了各种线上线下培训活动，努力提升自己的教育理念和德育能力。

　　在德育工作中，我始终坚持"以人为本"的原则，尊重每个学生的个性和差异，关注他们的成长和发展。尤其注重培养学生的自主管理能力，通过班会、团队活动等形式，引导他们树立正确的价值观和人生观。同时，我也注重与学生的情感交流，用爱心和耐心去倾听他们的心声，帮助他们解决成长中的困惑和问题。

在这十八年的班主任工作中，我经历了无数的喜怒哀乐。有时，我会因为学生的进步和成就而感到无比的欣慰和自豪；有时，我也会因为学生的问题和错误而感到焦虑和困惑。但无论遇到什么困难和挑战，我都没有放弃过对德育工作的钻研与热爱。

回首这十八年的德育工作，我深感自己的成长和进步离不开学校和同事们的支持和帮助。同时，我也深刻认识到，德育工作是一项长期而艰巨的任务，需要我们不断地去探索和创新。在未来的日子里，我将继续坚守教育初心，为学生的成长和发展贡献自己的力量。

展望未来，我希望能将更多的先进教育理念和德育方法融入到日常工作中，让德育工作更加贴近学生的实际需求，更加符合时代的发展潮流。同时，我也希望在与同事们的交流和合作中，不断提升自己的专业素养和综合能力，为学校的德育工作贡献更多的智慧和力量。

在德育之路上，我将继续前行，用爱心和智慧去点亮每个学生的心灵之光，我相信，只要我们用心去做，用心去爱，就一定能够创造出更加美好的未来。

跋

在实践中历练 在工作中成长

靖远一中每天都有感人的故事，班主任更有说不尽的感想与感悟。

躬耕教坛，仰望先贤，我们每个追梦者都想洗耳恭听名师之教诲，带班之法宝，虽多次与同仁的商榷汇智成文，但条件限制，久谋而未能如愿。

2022 年恰逢我校建校八十周年，经众校友提议，郭玉杰校长周旋，靖远县委县政府准备筹办靖远一中八十华诞校庆活动，班主任育人策略交流经验文集征集工作也随之启动，这本书当初定名为《杏坛春晖》，取之于"杏坛耕耘常守望，春辉遍泽桃李树"。后来在编辑的过程中，教务处孙万里主任认为，应结合学生的生涯规划的内容进行组织编写，让结构合理，内容充实，有血有肉，既适用班主任的自我培训，更适合指导学生的人生规划教育，于是编写组更名为《师言——靖远一中教师文集》，意思是谨遵师言，笃之于行，规划生涯，做主人生。

书中有各位班主任的带班之经验，成功之历练，成长之煎熬。班主任的经历是财富，成功是经验，失败是营养，他们在实践中的磨砺，带班中的感悟，总结出了正确的世界观、人生观、价值观，成为学生的人生航标。班主任在教育教学中时而体验成功，时而感悟失败，时而感悟人生，因为学生是最值得汲取的力量源泉。班主任在工作中成长，带着问题主动向"人师"请教，耐心倾听"经师"故事，学有所思，学有所悟，学有所用，这些难得的育人策略都是学生成人成才的法宝。班主任在不足中反思，在教训中积累经验，自觉荡涤"书生"气，扎实锤炼"先生"心。

传道授业虽苦犹荣。

无论是"特种部队"的班主任，还是掌管"常规军"的班主任，他们会因学生的收获与成功而欢欣振奋，也会因学生的进步与成长而由衷高兴。从他们身上，我们看到了为师者的责任与深情。老师的知识学养和道德修养往往会影响学生的一生，无论是哪一种风格，一个优秀的班主任既要精于"授业""解惑"，更要以"传道"为责任和使命。"师也者，教之以事而喻诸德者也。"教师只有具备高尚的道德情操和人格魅力，才能使学生"亲其师而信其道"。

"黑发积霜织日月，丹心满怀沃桃李。"，班主任工作虽辛苦，辛劳，但面对岁月织就桃李满园，不失为对灵魂的慰藉。

薪火相传的精神力量。

班主任与学校同呼吸、共命运，校荣我荣，校衰我耻，让人更真切地感受到班主任的意志硬度和精神韧性。爱生如子，倾心育人的教育情怀；披星戴月，风雨兼程的守望坚守；为党育人，为国育才的使命担当。这就是班主任的大美精神。教师是太阳底下最光辉的职业，世人把最好的赞美赋予了老师，也把沉甸甸的责任、殷殷的希望寄托在了老师身上。班主任的一句励志话语，常使学生萦绕于心际而终生难忘；一个生动的比喻常使学生了悟知识的关节而茅塞顿开；一句中肯的批评常使学生幡然醒悟而惭愧不已。

再难也要做到最好。

班主任是学生心灵世界的播种者、耕耘者。班主任教育学生，实质是师生两颗心愉快地碰撞，在碰撞中实现感情的交流、融洽、升华。所以大而言之，从教育学生，传承文明的崇高使命出发，做班主任，就要下功夫成为一名优秀班主任；小而言之，从胜任工作，避免被动的从功利目的出发，做班主任，也要下功夫成为一名优秀班主任。但是，不讳言地说，做一个优秀的班主任，其实真的很难。班主任工作和许多工作的不同之处在于，后者想做好，就能做好，但前者想做好，往往很难做好。但无论如何，我们就是要让自己成为"想做事、会做事、做成事、好共事、不出事"的可信又可用的德才兼备之才的好班主任，再难也要努力去做到最好。

别林斯基断言："如果没有爱，则万物自身的生活是死气沉沉的；如果没有爱，则万物的生长是七拼八凑的；如果没有爱，则所见的是一片漆黑。"因此，班主任必然要发自内心的热爱学生，与学生同气相求，同声相应，荣辱与共。班主任诉诸学生的爱凝聚着他们的心血与祝福，无价，无求，无边，无法量估，并融入学生人生幸福的征程之中，变成一股支撑学生立志"成人"的强大精神力量，弥漫而深远，永不消逝！"我没有一切，只有学生"（斐斯泰洛齐），是"大先生"博大人性世界的自然袒露，班主任也因爱的无限付出而得到了职业的永恒价值！

在本书的编写过程中，我们得到靖远县作家协会主席马得明的大力支持和悉心指导，得到各位同仁的无私帮助，对他们的付出，我们在此表示衷心的谢意！

由于时间仓促，书中难免存在种种不足，我们恳切地希望广大师生提出宝贵意见和建议。

张国帅于农历癸卯金秋记